U0216185

吉林人民出版社

简体字本二十六史

清史稿

卷三六七——卷四四七

（十三）

［民国］ 赵尔巽等 撰

许凯等 标点

清史稿卷三六七
列传第一五四

长龄　　那彦成　子容安　容照
玉麟　特依顺保

　　长龄，字懋亭，萨尔图克氏，蒙古正白旗人。尚书纳延泰子，惠龄之弟也。乾隆中，由翻译生员补工部笔帖式，充军机章京，擢理藩院主事。从征甘肃、台湾、廓尔喀，累擢内阁学士，兼副都统。嘉庆四年，授右翼总兵。五年，赴湖北剿教匪，为领队大臣，数败高天升、马学礼于川、楚交界，授宜昌镇总兵。又败徐天德、苟文明等。六年，擢湖北提督，署总督。

　　七年，败樊人杰、曾芝秀等，予云骑尉世职。以病回京，历左翼总兵，出为古北口提督。九年，授安徽巡抚，禽蒙城教匪余连。十年，调山东。十二年，擢陕甘总督，讨平西宁叛番。十三年，坐在山东供应钦差侍郎广兴动用库帑，褫职，戍伊犁。寻予蓝翎侍卫，充科布多参赞大臣。十六年，授河南巡抚。十八年，复授陕甘总督，剿禽南山匪首万五等，晋骑都尉世职。二十一年，予都统衔，充伊犁参赞大臣，命察治回匪图尔迈善狱，劾罢将军松筠，遂代之。二十二年，复授陕甘总督。

　　道光元年，加太子少保，协办大学士，留总督任。二年，署直隶总督。会青海野番滋事，命回陕甘，遣总兵穆尔泰、马腾龙讨平之，赐双眼花翎，拜文华殿大学士，管理藩院事，召还京。寻以青海奏凯后，野番复渡河劫掠，夺双眼花翎。三年，授军机大臣，管理户部三库,充总谙达。四年,出为云贵总督。

五年,调陕甘,改授伊犁将军。初,回疆自乾隆中戡定后,岁征贡税颇约。旋惩于乌什之乱,由办事大臣纵肆激变,益慎选边臣,回民赖以休息。久之,法渐弛,莅其任者,往往苛索伯克,伯克又敛之回民。嘉庆末,参赞大臣斌静尤淫虐,失众心。张格尔者,回酋大和卓木博罗尼都之孙也。博罗尼都当乾隆中以叛诛,至是张格尔因众怨纠安集延、布鲁特寇边。道光二年,逮治斌静,代以永芹,亦未能抚驭。四年秋、五年夏,两次犯边,领队大臣巴彦图败绩,遂益猖獗。

六年六月,张格尔大举入卡,陷喀什噶尔、英吉沙尔、叶尔羌、和阗四城,命陕甘总督杨遇春驻哈密,督兵进剿。长龄疏言:“逆酋已踞巢穴,全局蠢动。喀城距阿克苏二千里,四面回村,中多戈壁,非伊犁、乌鲁木齐六千援兵所能克。请速发大兵四万,以万五千分护粮台,以二万五千进战。”诏授长龄扬威将军,遇春及山东巡抚武隆阿为参赞,率诸军讨之。十月,师抵阿克苏。时提督达凌阿等已败贼浑巴什河,张格尔以众三千踞柯尔坪,令提督杨芳袭破之。大雪封山,兵止未进,疏言:“前奉旨兵分二路,正兵由中路台站、奇兵由乌什草地,绕出喀城,断其窜遁。惟乌什卡伦外直抵巴尔昌,山沟险狭,戈壁数百里,所经布鲁特部落,半为贼煽,未可孤军深入。且留防阿克苏、乌什、库车兵八千余,其延、绥、四川兵尚未到。进剿之步骑止二万二千,两路相距二十余站,声息不通。喀城贼众不下数十万,非全军直捣,反正为奇,难期无失。喀城边外凡十卡,皆接外夷,恐贼败遁,已谕黑回约众邀截。”

七年二月,师至巴尔楚军台,为喀、叶二城分道处,复留兵三千以防绕袭。进次大河拐,贼屯阿尔巴特,夜来犯营,却之。遂由中路进,歼贼万余,禽五千。越三日,张格尔拒战于沙布都尔,多树苇,决水成沮洳,贼数万临渠横列。乃令步卒越渠鏖斗,骑兵绕左右横截入阵,贼溃,追逾浑水河,禽斩万计。又越二日,进剿阿瓦巴特,分三路掩杀,俘斩二万有奇。追至洋达玛河,距喀城仅十余里,贼悉众十余万背城阻河而阵,亘二十余里,选死士夜扰其营。会大风霾,用杨遇春策,遣索伦千骑绕趋下游牵贼势,大兵骤渡上游蹙之,贼阵乱,乃大奔,乘胜抵喀什噶尔,克之。时三月朔日也。张格尔已先遁,获其侄与甥,及安集延酋推立汗、萨木汗。分兵令遇春下英吉沙尔、叶尔羌,芳下和阗,于是四城皆复。

上以元恶漏网,严诏诘责,限速捕获。六月,遇春、芳率兵八千出塞穷追,遇春屯色勒库,芳屯阿赖,谕各部落禽献。浩罕遣谍诱官军入伏,鏖战几殆,仅得出险。诏斥诸将老师糜饷,留兵八千余,命遇春率兵入关,芳代为参赞。当大军之出,密诏询将军、参赞,事平后,西四城可否仿土司分封。至是,长龄疏言:“愚回崇信和卓,犹西番崇信达赖,即使张逆就禽,尚有兄弟之子在浩罕,终留后患。八千留防之兵难制百万犬羊之众。博罗尼都之子阿布都里尚羁在京师,惟有赦归,令总辖西四城,可以服内夷、制外患。”武隆阿亦以为言。上切责其请释逆裔之缪,并革职留任,命那彦成为钦差大臣,代长龄筹善后。

张格尔传食诸部落,日穷蹙。长龄等遣黑回诱之,率步骑五百,欲乘岁除袭喀城。芳严兵以待,贼觉而奔,追至喀尔铁盖山,击斩殆尽。张格尔仅余三十人,弃骑登山,副将胡超、都司段永福等禽之。八年正月,捷闻,上大悦,锡封长龄二等威勇公,世袭罔替,赐宝石顶、四团龙补服,紫缰,授御前大臣,诸将封赏有差。五月,槛送张格尔于京师,上御午门受俘,磔于市。晋长龄太保,赐三眼花翎。图形紫光阁。寻回京,命亲王大臣迎劳,行抱见礼于勤政殿。授阅兵大臣,管理藩院及户部三库,正大光明殿赐凯宴,赐银币,授领侍卫内大臣,恩礼优渥,并用乾隆朝故事,时称盛焉。

十年秋,浩罕以内地安集延被驱逐,赀产皆钞没,积怨愤,遂挟张格尔之兄玉素普及其党博巴克等复入边,围喀什噶尔、英吉沙尔二城,且犯叶尔羌。复命长龄为扬威将军,往督师。会叶尔羌办事大臣璧昌连破贼,长龄令参赞哈哴阿、提督胡超分路进援喀、英二城,贼闻风解围遁出塞。于是偕伊犁将军玉麟合疏陈善后事,略曰:“此次入寇,与张格尔不同,不过乌合夷众,挟驱逐钞没之憾,虏掠取偿，无志于土地人民。各白回畏贼骚掠，助顺守御，亦非上年甘心从逆之比。此时战缓而守急。惟兵未至而贼已先逃，兵久驻而贼无一获，战守俱无长策。诸臣条奏增兵广屯，以省征调，言之似易，行之实难，即收效亦在数十年之后。若仿土司以西四城付阿奇木伯克，回性懦弱，非浩罕敌。苟无官兵守御，贼至必如无人之境。臣等再四筹商，统兵之人宜立不败之地，斯能制人而不为人制，惟有移参赞大臣于叶尔羌，其地本回疆都会，距喀什噶尔六站，在不远不近之间。再移和阗领队大臣备调遣。喀什噶尔留换防总兵一，与英吉沙尔领队为犄角。巴楚克驻守总兵一，为树窝子咽喉锁钥。六城相距均不过数百里。于西四城额兵六千之外，留伊犁骑兵三千，陕甘绿营兵四千，量分驻守，而以重兵随参赞居中调度。新兵粮饷，请于各省绿营兵额内裁百分之二，岁省三十余万，以为回疆兵饷。俟屯田有效，即以回疆兵食守回疆，仍撤回内地饷额。”又疏请招民开垦西四城间地以供兵糈。又请添设同知二、巡检五，由陕、甘选勤能之员任之。并下廷议，往复再三，罢设文员，减满、汉兵二千五百名，新增饷需不过十万两，各城额征粮科可敷供支，乃允行。以璧昌为参赞大臣，各城听节制。其办事、领队各大臣，命长龄等保奏任用。

浩罕惧大军出讨，乞援俄罗斯，俄人拒之，乃遣头人诣军求通商。长龄责缚献贼目，释还兵民，来报愿还俘虏，复乞免税，并给还所没赀财。上方欲示以宽大，且谓献犯亦不足信，一切允之。浩罕喜过望，进表纳贡通商如故，边境乃安。

长龄驻回疆凡两载，十二年，回京，晋太傅，管理兵部，调户部，赐四开禊袍。十七年，以病乞休，上亲视其疾，温诏慰留。以八十寿，晋一等公爵。次年，卒，上震悼，亲奠，赐金治丧，入祀贤良祠、伊犁名宦祠，谥文襄。十九年，命每次谒陵后，赐奠其墓。子桂轮，袭公爵，官至乌里雅苏台、杭州将军，谥恪慎。孙麟兴，袭爵，亦官乌里雅苏台将军。

那彦成，字绎堂，章佳氏，满洲正白旗人。大学士阿桂孙。乾隆五十四年进士，选庶吉士，授编修，直南书房。四迁为内阁学士。

嘉庆三年，命在军机大臣上行走。迁工部侍郎，调户部，兼翰林院掌院学士，擢工部尚书，兼都统、内务府大臣，那彦成三岁而孤，母那拉氏，守志，抚之成立，至是三十载，仁宗御书“励节教忠”额表其门。

时教匪张汉潮久扰陕西，参赞大臣明亮及将军庆成、巡抚永保同剿之，互有隙，师行不相顾。是年秋，命那彦成为钦差大臣。督明亮军，褫庆成、永保职，逮治。那彦成以枢臣出膺军寄，意锐甚。明亮闻其将至，急击贼败之，汉潮伏诛。帝嘉其先声夺人，特诏褒美。汉潮党冉学胜亦狡悍，犹在陕。冬，败之五郎。窜秦岭老林，又迭败之高关峪、夹岭、凤皇山。贼乘间逸入湖北、河南境。

五年春，进兵汉中，遂入栈剿川匪，追出栈，大破之陇州陇山镇，俘斩甚众，授参赞大臣，会经略额勒登保病，上以那彦成陇山捷后，军威已振，命兼督各路兵。高天升、马学礼陷文县，踞卡郎寨。乘夜渡河破之，贼南窜，趋松潘、岷州。额勒登保病起，合击败之，余贼将窜川境，即阴平入蜀道也。那彦成以地险不利骑兵，檄总兵百祥迎击于农安，自率师回陕。初，那彦成西行，以南山余贼付巡抚台布。继而川贼五家营至与合，欲东犯，台布遣将扼之。贼趋镇安，张世龙、张天伦为经略大兵所驱，亦奔镇安，群贼皆注汉北山内。额勒登保追入老林，贼向商、雒，为杨遇春所破，始不敢东。那彦成与会师镇安。商、雒贼折犯楚境。上以军事不得要领，召回京面询方略，而高、马二贼入川后益张，总兵施缙战殁，诏斥那彦成纵贼，罢军机、书房一切差使。及至，召对，忤旨，再斥在陕漫无布置，面询兵事饷事，惟诿诸劫数未尽，且有忌额勒登保战功意，褫尚书、讲官、花翎，降翰林院侍讲。历少詹事、内阁学士。

七年，赴江西按巡抚张师诚被劾事，未定谳，两广总督吉庆以剿会匪被谴自戕，命往鞫。八年，率提督孙全谋平会匪，条上善后，署吏部侍郎。擢礼部尚书。九年，复授军机大臣，赴河南鞫狱，未毕，命署陕甘总督，治搜捕余匪善后事宜，手诏戒之曰：“汝诚柱石之臣,有为有守。惟自恃聪明,不求谋议,务资兼听并观之益,勿存五日京兆之见。"未几,调授两广总督。广东土匪勾结海寇为患,久不靖。那彦成以兵不足用,乃招抚盗首黄正嵩、李崇玉,先后降者五千余人,奖以千总外委衔及银币有差。巡抚孙庭玉劾其赏盗,降蓝翎侍卫,充伊犁领队大臣。既而李崇玉槛送京师,讯得与正嵩皆受四品衔守备札,褫职戍伊犁。

十二年,复予二等侍卫,充领队,调喀喇沙尔办事大臣,又调西宁,平叛番,擢南河副总河。以荷花塘漫口合而复决,降二等侍卫。历喀喇沙尔、叶两羌办事大臣,喀什噶尔参赞大臣。十四年,复授陕甘总督。

十八年,河南天理会教匪李文成等倡乱,陷滑县,直隶、山东皆响应,林清纠党犯禁门。初,命总督温承惠往剿,清既诛,乃发京兵,授那彦成钦差大臣,加都统衔,督师率杨遇春、杨芳等讨之,迭诏责战甚急。那彦成以小丑不足平,惟虑遁入太行,势且蔓延,十月,至卫辉,合师而后进。贼踞桃源集、道口,与滑县为犄角,连败之于新镇、丁栾集。遇春击破道口,歼贼万余,焚其巢。寻破桃源集,追道口余贼,抵滑县。文成遁辉县司寨,杨芳、德英阿追破之,文成自焚死。亲督遇春等围滑城数旬,以地雷攻拔之,获首虏二万余。山东贼亦平。捷闻,加太子少保,封三等子爵,赐双眼花翎,授直隶总督,赐祭其祖阿桂墓。

二十一年,坐前在陕甘移赈银贴脚价,褫职逮问,论大辟。缴完赔银,改戍伊犁。会丁母忧,诏援滑县功,免发遣。二十三年,授翰林院侍讲。历理藩院、吏部、刑部尚书,授内大臣。

道光二年,青海野番甫定复扰,命那彦成往按,遂授陕甘总督。驱私住河北番族回河南原牧,严定约束,缉治汉奸,乃渐平。五年,调直隶。七年,回疆四城既复,命为钦差大臣,往治善后事。先后奏定章程,革各城积弊。诸领队、办事大臣岁终受考核于参赞大臣,又总考核于伊犁将军,互相纠察。增其廉俸,许其携眷,久其任期。印房章京由京拣选,不用驻防。除伯克贿补之弊,严制资格,保举回避。五城叛产归官收租，岁粮五万六千余石，支兵饷外，余万八千石为酌增各官养廉盐米银之用，有余则变价解阿克苏采买储仓。改建城垣，增卡堡，练戍兵。浩罕为逋逃薮，所属八城，安集延即其一。严禁茶叶、大黄出卡。尽逐内地流夷，收抚各布鲁特，待其款关求贡，然后抚之，诏悉允行。张格尔既诛，加太子太保，赐紫缰、双眼花翎，绘像紫光阁，列功臣之末。

浩罕匿张格尔妻孥，诈使人投书伺隙。那彦成禁不使与内地交接，绝其贸易。九年，使人出卡搜求逆属，上虑其邀功生事，召还京，仍回直隶总督任，未及两岁，西陲复不靖。论者谓那彦成驱内地安集延，没赏产、绝贸易所致。十一年，诏斥误国肇衅，褫职。十三年，卒，宣宗追念平教匪功，赐尚书衔，依例赐恤，谥文毅。

那彦成遇事有为，工文翰，好士，虽屡起屡踬，中外想望风采。子容安、容照。

容安，荫户部主事，袭子爵。历侍卫、副都统。从长龄征回疆有功，历伊犁参赞大臣。乱事再起，容安率兵四千五百赴援，抵阿克苏，迁延不进。由和阗绕道，又分兵乌什，致喀、英二城围久不解。褫职逮治，谳大辟。寻以二城未失，从宽改监候，罚缴和阗军需，贷死戍吉林。父丧，释还。数年卒。

容照，以大臣子予侍卫。累擢内阁学士，亦从征回疆，随父治善后。擢理藩院侍郎。容安既获罪，袭子爵，继因那彦成被谴，同褫职。起，历马兰镇总兵。治狱失入，复褫爵职。以侍卫从扬威将军奕经防广东。充库伦办事大臣，复为马兰镇总兵。咸丰中，从尚书恩华剿捻匪有功，加副都统衔。以疾回京。卒，赐恤。孙鄂素，袭爵。

玉麟，字子振，哈达纳喇氏，满洲正黄旗人。乾隆六十年进士，选庶吉士，授编修。嘉庆初，三迁为祭酒。历詹事、内阁学士。纂修实录久，特诏充总纂，奏事列名总裁后。入直上书房。历礼部、内阁学士。纂修实录久，特诏充总纂，奏事列名总裁后。入直上书房。历礼部、吏部侍郎，典会试。奉使鞫安徽寿州狱，及湖北官银匠侵亏钱粮事，大吏并被严谴。后历赴湖南、江西、直隶、河南按事，时称公正。

十二年，督安徽学政，调江苏。十六年，兼右翼总兵。坐吏部铨序有误，夺职。未几，授内阁学士，兼护军统领、左翼总兵，迁户部侍郎。十八年八月，车驾自热河回跸，迎至白涧，先还京。会林清逆党犯禁门，率所部击捕。坐门禁懈弛，褫职。十九年，予三等侍卫，赴叶尔羌办事。二十三年，加副都统衔，充驻藏大臣。历左翼总兵、镶白旗汉军副都统。迁左都御史，礼部、吏部、兵部尚书。

道光四年，命在军机大臣上行走。六年，回疆乱起，西四城皆陷。阿克苏办事大臣长清独能固守却贼，先由玉麟论荐，诏特嘉之，赐花翎。七年，兼翰林院掌院学士，充上书房总师傅，加太子少保。八年，回疆既定，晋太子太保，绘像紫光阁。

上方廑顾西陲，以玉麟悉边务，九年，特命出为伊犁将军。疏言："浩罕将作不靖，请缓南路换防。阿坦台、汰劣克屡请投顺，包藏祸心，添巡边兵以备御。伊萨克忠勇能事，责令乘机谋之。近夷布呼等爱曼恭顺，重赏以固其心，则卡外动静俱悉。"诏如议行，并令喀什噶尔参赞大臣札隆阿为之备。札隆阿误信汰劣克等，不之疑也。十年秋，安集延果引浩罕内犯，喀什噶尔帮办大臣塔斯哈率兵出御，遇伏陷殁。札隆阿将弃城退守阿克苏，玉麟急疏闻，请责长清等速筹粮储，哈丰阿速进攻，发伊犁兵四千五百名，令容安率之赴援。容安至阿克苏，与长清议。中途有朵兰回子梗阻，令哈丰阿、孝顺岱由和阗草地进兵。玉麟疏劾曰："喀、英两城被困两月，贼势尚单，易于援剿，由大路直赴叶尔羌，二城之围自解。迂道和阗，须一月方至，贼势渐厚，哈丰阿军未必得力。阿克苏现集兵不下万人，仅以三千人绕路进发，留兵坐縻饷粮，实属非计。札催十数次，该大臣等始以粮运迁延，后又称蒙兵、民遣皆不足恃。计程裹粮二十日足用，后路转运已源源而来。前年克复四城，民遣得力，浑什巴河之捷，土尔扈特出力较多，近日璧昌以少胜众，岂沿边零匪转不能就地歼除？请将长清等严行申饬。"上韪其言，仍促哈丰阿进兵。及长龄督杨芳、胡超等大兵至喀、英二城，贼已远遁。玉麟疏言："贼势涣散，现调官兵不止四万，月需粮万五千石，运费十余万两，请停止续调四川、陕、甘兵，并饬回疆各城采买粮饷，较之戈壁转输，节省不止倍蓰。"从之。

初张格尔之就擒也，回子郡王衔贝子伊萨克实诱致，诸夷忌之，乱起，兵民谋劫掠，事泄，诛首犯，逐流民。怨者讹言伊萨克通贼，遂围劫其家，并杀避乱回众二百余人。札隆阿不能制，反附和劾囚之。玉麟以伊萨克身膺王封，助乱得不偿失，子孙在阿克苏，家业在库车，岂无顾虑？疏陈其可疑，命偕长龄会鞫，得札隆阿惧罪欲杀之以掩迹，及委员章京等捏奏迎合诬证状，札隆阿以下坐罪有差，复伊萨克爵职，回众大服。

时诸臣议回疆事宜，玉麟上疏曰："阅固原提督杨芳添兵招佃奏稿，称四川总督鄂山有请西四城改照土司之议。伏思回疆自入版图，设官驻兵，不惟西四城为东道藩篱，南八城为西陲保障，即前后藏及西北沿边蒙古、番子部落，皆赖以巩固。若西四城不设官兵，仅令回人守土，诚恐回性无恒，又最畏布鲁特强横，转瞬即为外夷所有，则阿克苏又将为极边矣。其迤东之库车、喀喇沙尔、土鲁番、哈密等城，必至渐不安堵。以形势论，唇亡则齿寒。以地利论，喀什噶尔、叶尔羌、和阗三处为回疆殷实之区。舍沃壤而守瘠土，是藉寇兵而赍盗粮也。杨芳所谓守善于弃，实不易之论。至请将喀什噶尔参赞移迁阿克苏，殊非善计。该处幅员狭隘，不足为重镇。且距喀城二千里，有鞭长不及之患，其所陈招佃通商各条，则为治边良法，请用之。"于是诏发长龄密陈十条及中外奏议，交玉麟悉心筹画。

十一年，偕长龄会疏，上定以参赞大臣移驻叶尔羌，暨善后诸政，具详长龄传。十二年，事定，回伊犁，调剂番戍官兵以均劳逸。惠远城南濒河，定岁修之例。以待种之地租给回民，收租充兵食，并为赡孤寡备差操诸用。拓敬业官学学舍，创建文庙。宣宗特颁扁额以重其事，边徼士风渐蒸蒸焉。十三年，命回京，以特依顺保代之。行至陕西，卒于途次。上闻震悼，优诏赐恤，赠太保，入祀贤良祠。枢至京,亲临赐奠,谥文恭。伊犁请祠祀,允之。

　　特依顺保,钮祜禄氏,满洲正白旗人。由吉林前锋长从征廓尔喀,有功。嘉庆中,从长龄剿教匪,屡破高天升、马学礼,赐号安成额巴图鲁。累擢甘肃西宁镇总兵。十八年,从那彦成讨滑县教匪,力战,数破贼,克司寨,歼首逆李文成,克滑县,执贼渠,予云骑尉世职。移剿陕西三才峡匪,事平,擢黑龙江将军。调乌里雅苏台将军、塔尔巴哈台参赞大臣、叶尔羌办事大臣。召授正白旗蒙古都统。张格尔之乱,命赴阿克苏。寻署甘肃提督,兼西宁办事大臣。历绥远城、黑龙江、宁夏、西安将军。调伊犁,承玉麟之后,休息边氓,抚驭夷部。巴尔楚克诸地屯田渐兴,酌撤防兵。在任五年,边疆无事。道光十八年,入觐,诏嘉其治边措施悉当,加太子太保,授内大臣,留京供职。寻授领侍卫内大臣。二十年,病,请解职。未几,卒,赐恤如例。

　　论曰:回疆之役,削平易而善后难。长龄持重于始,老成之谋。那彦成力祛积弊,善矣。而操切肇衅,未竟厥功。玉麟以枢臣自请治边,补救绸缪,西陲乃得乂安无事。紫阁铭勋,盖非幸已。

清史稿卷三六八
列传第一五五

杨芳　胡超　齐慎　郭继昌　段永福
武隆阿　哈㘆阿　巴哈布　长清　达凌阿
哈丰阿　庆祥　舒尔哈善　乌凌阿　穆克登布
多隆武　璧昌　恒敬

杨芳，字诚斋，贵州松桃人。少有干略，读书通大义。应试不售，入伍，充书识。杨遇春一见奇之，荐补把总。从征苗疆，战辄摧锋。荐擢台拱营守备。嘉庆二年，从额勒登保剿教匪，败张汉潮于南漳，赐花翎。转战川、陕，常充侦骑，深入得贼情地势，额勒登保连破剧寇，赖其向导之力。

四年，歼冷天禄于人头堰。大军追余贼，芳以九骑前行，至石笋河，见贼数千争渡，后逼陡崖，左右无路，芳遣二骑回报，自将七骑大呼驰下，贼惊溃，陷浅洲中，其先渡者无由回救。五舟离岸，群贼蚁附，舟重，每发一矢覆一舟，五发五覆。俄，杨遇春、穆克登布至浮马渡，追击贼尽，军中称为奇捷。连擢平远营都司、下江营游击、两广督标参将。

五年，杨开甲、张天伦趋雒南，芳以千骑扼东路，绕出贼前。贼折而西，黎明追及见马迹中积水犹潢，急驰之。甫转山湾，见贼拥塞平川，芳率数十骑冲突，后骑至，乘势蹂躏，贼仓卒奔溃，擒斩无算。

赐号诚勇巴图鲁,擢广西新泰协副将。寻从穆克登布击伍怀志,连败之成县、阶州。贼渡白水河窥四川龙安,旁入老林,冒雨追击,及之于磨刀石,手刃十余贼,伤足坠马,徒步杀贼,复伤臂,射伤伍怀志,大军乘之,大破贼众。仁宗闻而嘉之,诏问伤状。六年,冉学胜趋甘肃,偕札克塔尔要击于固原,贼反奔,芳轻骑摧其后队,又败之于汉江南岸,贼由平利走洵阳。时张天伦踞高唐岭,芳破之,余贼与学胜合,东出杨柏坡,芳先至,设伏败之,而李彬、苟文明、高见奇、姚馨佐合窜平利。彬走南江,天伦随之,见奇、馨佐入宁羌。额勒登保自追之,属芳以南江之贼,击天伦,擒其党张良祖、马德清、刘奇。复破见奇、馨佐于桂门关,追及黑洞沟,擒其党辛斗,擢陕西宁远镇总兵。又败李彬于太平,贼弃老弱逸,获彬妻及其悍党冉天瑛。

七年,苟文明犯宁陕,其党刘永受、宋应伏分布秦岭北。芳由五郎口进,歼应伏之众过半,永受遁,为寨民所杀,文明寻亦授首。额勒登保入楚,檄芳剿陕境余匪,先后擒郭士嘉、苟文学等,贼党溃散。

八年,总督惠龄檄芳还剿南山贼,芳由洵阳坝深入,冒雨扪崖攀葛,狝薙无遗,遂大搜秦岭南北,陕西贼垂尽。忽有李彪者,自太白山突出,合苟文润扰洋县。芳截剿勿及,坐夺翎顶。贼逼川境,德楞泰至,令芳归防山内。苟文明余党自竹溪窜陕,芳严守汉江,却之,复翎顶。是年秋,三省悉平,凯撒诸军。宁陕镇标皆选乡勇精锐充伍,凡五千人,号新兵,芳驭之素宽。十一年,芳代杨遇春署固原提督,去镇,副将杨之震摄,以包谷充粮,又盐米银未时给,众鼓噪,营卒陈达顺、陈先伦遂倡乱,戕之震,其党蒲大芳护芳家属出而复从贼。芳闻变,驰赴石泉,诏德楞泰率杨遇春等讨之。秋,贼大掠洋县、留坝,胁众盈万,推大芳为魁。攻孝义,窥子午谷,围户县急。芳驰救,鏖战终夜,伤臂。旦日,贼辨为芳,自引去。遇春督诸军战于方柴关,不利。芳与遇春计,贼尚感旧恩,可劝谕,单骑入贼,晓以顺逆利害,犹倔强,与语数年共生死情,声泪俱下,众感泣愿降,遂宿贼垒。大芳缚达顺、先伦以献。复率大芳追斩不听命者朱贵等数百人,乃定。德楞泰疏请降兵归伍,被谴责,大芳等二百余人免死戍伊犁。芳坐驭兵姑息,亦褫职遣戍。明年,释还以守备、千总用。十五年,授广东右翼镇总兵,调陕西西安镇。母忧,去官。

十八年,服阕,入都,至河南,会教匪李文成踞滑县,总督那彦成留之剿贼,授河北镇总兵。偕杨遇春克道口,进薄滑县。巡抚高杞有兵六千,与总督不协,战不力,芳说杞,尽领其众。文成走踞辉县司寨,偕特依顺保追击之,贼死斗,芳手刃退卒,大捷,以火攻破碉楼,文成自焚死,予云骑尉世职。大兵隧地攻滑城,贼多方御之,历四十日不得下。芳复于西南隅穿穴深入,九日而成。地雷发,城圮,殄贼二万余。葳功优叙,调西安镇。移师剿平三才峡匪,复勇号,调汉中镇。二十年,擢甘肃提督。

道光初,历直隶、湖南、固原提督。六年,回疆军事急,芳自请从征,许之。十月,会军阿克苏,柯尔坪为要冲,芳先进,一鼓破之,焚回庄,斩贼酋伊瞒及安集延伪帅约勒达什,大军无阻。七年二月,偕参赞杨遇春、武隆阿进师,三战皆捷,抵喀什噶尔浑河北,合击大破之,遂复其城。率兵六千趋和阗,三月,战于毗拉满,分军绕贼后夹击,禽贼酋噶尔勒,复和阗,加骑都尉世职,授乾清门侍卫。张格尔已遁,命杨遇春偕芳出卡掩捕,芳军阿赖,檄诸夷部缚献。芳言贼遁愈远,道险饷艰,诸夷贪赏妄报不足信,至秋,诏班师。会芳追博巴克达之众,入险遇伏,数战始拔全军出,协领都清阿死之。遇春先入关,芳代为参赞,遭黑回用间言大兵全退。张格尔俟岁将除,率五百骑来袭,中途觉而反奔。芳急驰一昼夜,追及于喀尔铁盖山,歼其从骑殆尽。余贼拥张格尔登山,弃骑走,芳率胡超、段永福等禽之,锡封三等果勇侯,赐紫缰、双眼花翎,晋御前侍卫,赐其子承注举人。张格尔械京伏诛,加太子太保。九年,入觐,晋二等侯,加太子少傅。

十年,浩罕、安集延复扰喀什噶尔、叶尔羌等城,偕长龄往剿,仍为参赞。兵至,贼已遁。疏言移城屯田事,下长龄等议行。寻回镇。十三年,四川清溪、越嶲、峨边诸夷叛,提督桂涵卒于军,以芳代之。至则清溪、越嶲皆平,进攻峨边贼巢,斩其酋,十二姓熟夷皆降,山内猓夷亦就抚。与按察使花杰筹治善后，晋一等侯。逾年，诸夷复时出扰，降二等侯，襆御前侍卫，以甘肃总兵候补，引疾归。十六年，起为湖南镇筸总兵，抚定变兵。历广西、湖南提督。

二十年，海疆事起，定海既陷，琦善赴广东议抚。英吉利要挟，攻夺炮台。二十一年春，命奕山为靖逆将军，芳及隆文为参赞，率师防剿。奕山等不知兵，惟倚芳。先至广州，英兵入犯虎门、乌涌，提督关天培战死。敌兵逼省城，严备守御。芳见兵不可恃，而洋商久停贸易，亦愿休战，美利坚商人居间，请通商，诏不许。又偕巡抚怡良疏请准港脚商船贸易，诏斥有意阻挠，怠慢军心，严议夺职，改留任。奕山至，战亦不利。四月，英舰退，收复炮台，奕山等遂请班师。芳以老病乞解职，温谕慰之，命回湖南本任。二十三年，许致仕，在籍食全俸。二十六年，卒于家，诏念前劳，赐金治丧，依例赐恤，予其诸孙官有差，谥勤勇。子承注先卒，孙恩科袭侯爵。

芳自剿三省教匪，勋名亚于杨遇春。至回疆之役，以生擒首逆，先封侯，绘像紫光阁，论功超列遇春上。汉臣同列者凡九人，署固原提督胡超，贵州提督余步云，直隶提督齐慎，安徽寿春镇总兵郭继昌，陕西西固营都司段永福，陕西马兵升甘肃宁远堡守备杨发，陕西马兵升抚标左营守备田大武。发、大武并从禽张格尔，以伍卒跻列，异数也。

胡超，四川长寿人。初读书应试不售，入伍，从征苗疆有功。嘉庆中，川、楚、陕教匪起，率乡勇转战，屡歼悍贼，以勇健名。累擢都司，坐事夺职。入都，考充国史馆供事。十八年，林清逆党犯禁城，手杀数数贼，大学士勒保荐赴河南军营。从杨遇春剿贼，单骑入贼垒，与数十贼搏战，歼其二，搴旗而出。又败贼于中市，率劲骑前驱，克道口，复原官。克滑城，擒贼首，上功居最。十九年，从遇春平三才峡匪，殪贼目麻大旗、刘二，擒龚贵等，赐号劲勇巴图鲁。累擢陕西循化营参将。道光元年，从征叛番，战博洛托亥、乌兰哈达，皆捷，夜袭冻雪岭贼帐，擢甘肃永昌协副将，驻防西宁。六年，回疆事起，杨遇春檄赴军。从杨芳攻柯尔坪，先破贼于和色尔湖，次日攻北庄，

持矛步战,杀贼过半,阵斩贼首伊瞒,加总兵衔。七年,连战皆捷,抵
浑河,贼夜来袭,击败之,遂渡河薄贼垒,贼大溃。四城既复,追和阗
逸贼,出卡至玛杂败之,截击于新地沟,尽歼其众,擢四川重庆镇总
兵。是年冬,追张格尔至喀尔铁盖山,舍骑步蹑山巅,张格尔穷蹙欲
自刭,超与段永福夺其刀,生缚之,予骑都尉世职,授乾清门侍卫。
与功臣宴,御制赞有“雄勇超群,名实克称”之褒。历署古北口、固原
提督,授甘肃提督。十年,浩罕、安集延复犯边,超率兵四千驰剿,至
英吉沙尔贼已遁,遂解喀什噶尔围。分兵追萨汉庄窜匪,俘戮殆尽。
凯旋,调固原提督。十六年,入觐,命在御前行走。二十一年,命率
兵二千赴山海关驻防。寻以浙江海防急,授参赞大臣赴援,未行,留
防天津。从郡王僧格林沁视直隶、山东海口防务,逾年撤防归伍。寻
调甘肃提督。二十六年,以西宁番叛,调援不力,褫职,仍留骑都尉。
乞病归,食半俸。二十九年,卒。

　　齐慎,河南新野人,以武生率乡团击教匪。入伍,隶庆成部下,
转战三省,以勇闻。比教匪平,荐擢至陕安镇右营游击,杨遇春甚器
之。嘉庆十八年,滑县乱,檄慎从征。贼踞道口,遇春初至,直前搏
战,慎从之,贼气夺,入巢。明日,慎独破贼于卫河西岸。贼掠中市,
率骑断其归路,夹击,毁浮桥,遂克道口,破桃源集援贼,进薄滑县,
驻营未定,贼万余由西北门出来犯,力战,相持竟夜。迟明,城贼二
千余复出,慎跃马冲贼阵中断,乃大溃。又破贼新乡牛市,首逆李文
成走踞司寨,慎由淇县大庙山右进,鏖战白土冈,会攻司寨,克之。
自道口至此凡十三战,叙功最,赐号健勇巴图鲁。克滑城,先登受
伤,擢副将。遂从遇春平三才峡匪,授神木协副将。历西安、陕安两
镇总兵。道光元年,擢甘肃提督。二年,西宁插帐番扰河北,慎率标
兵迭战于乌兰哈达、哈锡山、落它滩,擒斩数百,番众乞降,放还河
南。诏褒奖,被珍赍。六年,从征回疆,长龄令充翼长,驻守阿克苏。
父丧,留军。特奇里克爱曼布鲁特助逆扰乌什,慎战屡捷,擒其酋库
图鲁克。七年,出哈兰德卡伦,驻倭胡素鲁,遏贼内犯。事平,调古
北口提督,改号强谦巴图鲁。十二年,病归。起授甘肃提督,调四川。

十七年，平雷波叛夷，调云南，复调四川。二十一年，命率川兵五百赴广东参赞靖逆将军奕山军务，守佛山镇。杨芳病，移守省城，会罢战。二十二年，赴湖北剿崇阳乱民，未至已定，命赴浙江会办扬威将军奕经军务，驻上虞，扼曹娥江。移防江苏镇江。英兵来犯，力战却敌。城卒陷，退守新丰。奕山、奕经先后被谴，慎夺职留任，回四川。二十四年，出阅伍，卒于马边，赠太子太保，谥勇毅。

　　郭继昌，直隶正定人，以行伍从庆成剿教匪于襄阳，继从恒瑞入川，击罗其清、冉文俦等于龙凤坪，歼冉文富于马鞍山，功皆最。又赴陕、甘剿张汉潮，擢龙固营都司。累迁陕西宜君营参将。道光元年，赴喀什噶尔换防，授定边协副将，调安西协。六年，换防叶尔羌，抵阿克苏，值乱起，驻守托什罕，击败渡河贼。协领都伦布被围，继昌兵少不能救，借调额尔古伦骑队三百，夜率驰往，突贼营，歼其酋库尔班素皮，追及河上，擒斩千余，擢总兵，赐号干勇巴图鲁。七年，从大军战大河拐，夜袭贼营，破之。从复喀什噶尔城，追贼至塔里克达坡，分兵绕山后狙击，贼惊溃，授寿春镇总兵。调陕西延榆绥镇。十年，再赴喀什噶尔剿余孽，还署固原提督。十七年，调广东陆路提督。洎海防急，往来广、惠间筹守御。二十一年，以劳卒。

　　段永福，陕西长安人，原籍四川。以乡勇从征教匪，积功至千总。嘉庆十八年，滑县教匪起，从杨遇春转战直隶、河南，克道口、司寨，复滑县，皆有功。复从遇春剿陕西眉县贼，率骑兵追至柏杨岭，歼贼目麻大旗、刘二于阵。累擢甘肃张义营都司。道光七年，从杨芳征回疆，洋阿尔巴特、沙布都尔、阿瓦尔巴特三战皆力，赐号利勇巴图鲁。张格尔就禽于喀尔铁盖山，永福从胡超步上山岭，直前夺其刀，手缚之，予骑都尉世职。擢参将，历甘肃永固协副将，陕西宁夏镇总兵，调贵州安义镇。二十年，命赴广东防海，英吉利兵舰初至，永福扼虎门，炮击退之。二十二年，命赴浙江佐扬威将军奕经军，宁波、镇海已陷，令永福分路往攻，漏师期，他路先挫，永福师不得进，遂无功。擢广西提督，未赴，调浙江。未几，卒，谥勇毅。

　　武隆阿,瓜尔佳氏,满洲正黄旗人,提督七十五子。嘉庆初,以健锐营前锋从征湖北教匪,后随父剿贼四川,功多,累擢副都统。七十五以病去,武隆阿代领所部留川,为勒保所忌,父丧,乃还京。十年,授广州潮州镇总兵。时海盗充斥,仁宗以武隆阿勇敢,故使治之。既而总督那彦成招降盗首李崇玉,予四品衔守备札,而以武隆阿捕获闻。事觉,坐降二等侍卫,赴台湾军营效力。十一年,偕王得禄等击蔡牵于鹿耳门,败之,迁头等侍卫,授台湾镇总兵。二十五年,母忧,回旗。寻充喀什噶尔参赞大臣。

　　道光元年,疏陈八旗生计,请以绿营兵半为旗额,由驻防子弟挑补,诏斥素言乱政,降二等侍卫,调西宁办事大臣。三年,召还,授内阁学士。出为直隶提督,授江西巡抚,调山东。

　　六年,台湾奸民张丙作乱,诏武隆阿往督师,未行而回疆乱急,授钦差大臣,与杨遇春同参赞扬威将军长龄军务,率吉林、黑龙江骑兵三千出关。七年二月,战于洋阿巴特,武隆阿将右军,扼其前,贼败走,追至排子巴特,又败之,进克沙布都尔回庄,乘胜至浑水河,悍贼数千来援,迎击破之,斩其酋色提巴尔第等。进次阿瓦巴特,贼伏精锐以待,遣羸师挑战,佯败,武隆阿整队进,以连环枪聚击,别遣藤牌军由山谷间道冲出,贼马惊却走,伏贼自林中出,不复成列,纵击之,殪贼万余,斩其酋阿瓦子迈底、那尔巴特阿浑等。捷闻,加太子少保,贼垒踞浑河南岸,列大炮山穴,死守以拒,武隆阿军至不得进。日暮,偕杨遇春乘风潜渡上游袭贼后,贼数进数退,卒不支,始溃走,遂复喀什噶尔城。

　　张格尔闻败先遁,诏斥将军、参赞不能生致首逆,并被谴,夺武隆阿宫衔,责禽张格尔以自赎。武隆阿病留喀城,授喀什噶尔参赞大臣。诏询善后方略,长龄请以逆裔阿布都哈里管西四城回部事。武隆阿亦疏言:“留兵少则不敷战守,留守多则难继度支。前此大兵进剿,幸克捷迅速,奸谋始息。臣以为回四城环逼外夷,处处受敌,地不足守,人不足臣,非如东西城为中路不可少之保障。与其糜有用兵饷于无用之地,不如归并东西四城,省兵费之半,即可巩如金

瓯,似无需更守此漏卮。"诏切责其附和长龄。会谍报张格尔潜居达
尔瓦,武隆阿率师往击之,侍卫色克精阿等殁于阵,上愈怒,议革
职,从宽留任。寻以病亟请解职,允之,命在喀城调理,病愈仍署原
官。

八年,张格尔就擒,免前后吏议。寻实授喀什噶尔参赞大臣,奏
招抚归顺部落额提格讷布鲁特,安置依劣克达坂地,诏以"受降易,
安抚难"勉之。召回京。

九年,陕、甘兵凯撤,给盐粮银依内地防军旧例,军士意不满,
哗噪。那彦成疏言:"武隆阿战阵勇敢,而多疑少断,未洽人心。陕
军嚣争,实其意存节省、拘泥成例所致,虑不胜参赞任。"及至京召
对,语复掩饰,降头等侍卫。寻充和阗办事大臣。十年,召还。逾年,
卒。

武隆阿回疆战功与二杨相埒,以言弃地获谴,未膺优赏。宣宗
念前劳,仍列功臣,绘像紫光阁。八旗诸将同列者,都统威勇侯哈哴
阿,护军统领阿勒罕保,库尔乌苏领队大臣副都统巴哈布,副都统
苏清阿,阿克苏办事大臣副都统长清,塔尔巴哈台参赞大臣达凌
阿,察哈尔都统安福,头等侍卫巴清德,吉林副都统吉勒通阿,喀什
噶尔帮办大臣副都统衔额尔古伦,头等侍卫塔尔巴哈台办事大臣
德勒格尔桑,头等侍卫华山泰,宁夏副都统伊勒通阿,吉林协领寿
昌,黑龙江协领鄂尔克彦、金凌阿,黑龙江总管副都统衔舒凌阿,伊
犁察哈尔总管乌齐拉尔,三等侍卫得胜额,吉林佐领乌凌额、德成
额,黑龙江佐领占布、阿勒吉讷,伊犁锡伯佐领德克精阿,伊犁索伦
副总管哈丹保,伊犁锡伯马甲防御衔骁骑校讷松阿、舒兴阿,而回
子郡王伊萨克亦与焉。

哈哴阿,瓜尔佳氏,满洲正黄旗人。由世袭云骑尉为伯父额勒
登保嗣,袭一等威勇侯,授头等侍卫、乾清门行走。嘉庆十八年,从
剿滑县教匪有功,赐号继勇巴图鲁。二十一年,晋御前侍卫,兼副都
统、武备院卿,历护军前锋统领。道光六年,从长龄赴回疆,充领队
大臣,将骑兵。连战洋阿尔巴特、沙布都尔、阿瓦巴特,擒安集延头

目阿瓦子迈玛底等，复喀什噶尔，禽逆属及从逆伯克阿布都拉、安集延头目推立汗。从杨芳破玉努斯于毗拉满，复和阗，擢镶红旗蒙古都统。八年，槛送张格尔至京，献俘阙下，礼成，赐蟒袍、大缎。十年，喀什噶尔复被围，授参赞大臣，从长龄视师，至则贼已遁，命偕杨芳察各城战守及回众助逆者，捕诛百余人，被胁免罪，奖赏有功，并如议行。留回疆驻守，训练屯兵。十二年，浩罕遣使进表，送还所掠回民，率贸易人进卡，哈哴阿受之，宣示通商免税恩诏，赐予筵宴，事毕还京。台湾匪起，授参赞大臣，偕将军瑚松额往剿，未至，事平，旋师。十五年，命赴山、陕阅兵，擢领侍卫内大臣。寻以阅兵不慎，降二等侍卫。累迁都统。二十一年，海疆戒严，驻防山海关，复授参赞大臣，偕奕经赴浙江防剿，未几，仍回山海关防守。和议成，回京，授领侍卫内大臣。二十五年，以病请解职，食侯爵全俸。二十九年，卒，赠太子少保，谥刚恪。子那铭，孙荣全，袭爵。荣全官至副都统，自有传。

巴哈布，伍弥特氏，蒙古正黄旗人，以健锐营前锋、蓝翎长从征教匪，又赴台湾剿贼，累迁前锋参领。以克滑县功，授右翼翼长，擢蓝旗蒙古副都统。道光五年，出为哈喇沙尔办事大臣。六年，率土尔扈特、和硕特、蒙古兵援阿克苏，贼潜渡浑巴什阿犯阿城，迎击，歼其渠库尔班素皮，被优叙。偕提督达凌河援乌什，败贼于沙坡树窝。寻撤蒙古兵，自请留军前。七年，和阗回众缚贼酋乞降，往抚之。洋阿巴特之战，偕哈哴阿率劲骑进击，所向披靡。沙布都尔、阿瓦巴特连战皆力，署叶尔羌帮办大臣。凯旋，予云骑尉世职。九年，授塔尔巴哈台参赞大臣。十二年，召还京。寻擢江宁将军，治军有声。十七年，卒于官，优恤，谥勤勇。

长清，钮祜禄氏，满洲镶红旗人，内大臣策楞孙，副都统特成额子也。以荫生入赀，铨授兵部主事，累迁郎中。嘉庆二十四年，出为广西左江道，母忧去官。仍为兵部郎中，道光五年，加副都统衔，充阿克苏办事大臣。六年，张格尔入寇，西四城相继陷。长清截留各城换防，又发铜厂钱局官兵，扼浑巴什河。参将王鸿仪战殁于都齐特,贼纠众五六千自叶尔羌来犯,屡扑渡,皆击退。距城百余里,波斯图拉、哈尔塔两地多朵兰回庄,附逆抗拒,分兵进剿。贼复由托什罕渡河,逼城二十里,长清令数十骑驰骋扬尘,鼓噪东来,贼疑大军至,退走河南。乃进军,渡河结营,贼来攻,连败之,禽斩千余,贼始不敢窥河北。阿克苏城小,扩关厢,开濠筑垒为外郭,民、回安堵。遣兵五百助守乌什为犄角,东四城恃以无恐。宣宗初虑长清未谙军事,命特依顺保往领其职而长清副之,犹未至,至是诏嘉长清防剿深合机宜。赐花翎,予优叙,遂寝前命。大军进讨,满、汉兵三万数千皆集阿克苏,长清置局供支运输,铸钱增驿,规画甚备,授镶白旗蒙古副都统,仍留任。七年,四城复,诏:“长清于大军未到,力捍孤城,厥功甚伟,予云骑尉世职,擢其子富春为主事。”八年,疏言:“长龄议于阿克苏添兵一千,柯尔坪添兵五百。柯尔坪距阿城三百里,回众数万,兵少无益,请归并阿克苏,练成劲旅,可以总治两路所属。乃塔尔达巴罕及阿尔通霍什皆有小路可通伊犁,请并封禁。”从之。张格尔就擒,械送至京。子优叙。十年,喀什噶尔诸城复告警,容安率伊犁兵赴援,命至阿克苏与长清会商进兵。疏请分兵和阗、乌什,待哈丰阿、胡超两路兵至进剿,诏斥容安畏葸,长清并下严议。寻原之,降二等侍卫,仍留任。十二年,加提督衔,充叶尔羌办事大臣,驭夷开屯,措施并称职。十四年,授乌鲁木齐都统。逾年,召回京。寻授福州将军,加太子太保。十七年,卒,晋太子太傅,赐金治丧,谥勤毅。

达凌阿,佟佳氏,满洲镶黄旗人。以健锐营前锋从永保剿湖北教匪,继随杨遇春战川、陕,数有功。累擢静宁协副将,署西安镇总兵。三才峡匪起,率兵四百御之涝峪、八里坪,大败其众。追尤九余党至黑水峪,攻克之,又败之傅家河,击万五于辛峪口,连败之,万五率残卒遁,寻就擒,加总兵衔,擢巴里坤总兵,调西安镇。道光二年,擢乌鲁木齐提督。六年,率兵四千援阿克苏,军次库车,遣锡伯兵扼柯尔坪,分守库车、乌什。九月,与贼夹浑巴什河而军,持数日,贼分走乌什,偕巴哈布迎击,败之于阿拉尔,追至沙坡树窝,破伏贼。其自托什罕渡河者，方围协领都伦布营，遏副将郭继昌援路。达凌阿还军驰救，奋击败之，贼争渡，死者相藉，河水为之不流。追长龄至，河北已无贼，被优叙。七年，从大军三战复喀城，驻守叶尔羌，署办事大臣，予云骑尉世职。是年秋，闻边警，调防乌什，张格尔就禽，回本镇。历塔尔巴哈台参赞大臣、西安将军。十年，卒，优恤，谥武壮。

哈丰阿，富察氏，满洲镶黄旗人。嘉庆初，以健锐营前锋从剿襄阳教匪，转战川、陕，累迁前锋侍卫。搜捕南山余匪甚力，事平，授贵州定广协副将。擢威宁镇总兵，历浙江处州、陕甘凉州、汉中诸镇。道光八年，擢乌鲁木齐提督。十年，回疆复警，命驰赴阿克苏，偕长清防剿。十一月，进攻叶尔羌贼营，贼溃，潜伏哈拉布扎什军台，分道要击，破之。进围黑色尔，禽其酋巴拉特，乘胜至英吉沙尔，喀什噶尔围亦解，予云骑尉世职，赐号进勇巴图鲁。初诏哈丰阿倍道驰援叶尔羌，听容安计，绕道和阗，失期，议夺职，原之，责偿军费十之二，仍留任。擢广州将军。疏请铸巨炮百，选精锐五百人，严守望以重海防。十四年，英吉利兵船二，号称护商，入广州海口，纵炮击之。船停黄浦，调兵建闸，制其出入，英酋谢罪，事乃解。调黑龙江将军，举发御前大臣高克彝属托私书，诏奖其持正，授内大臣，加太子少保，请添练马队，增置官吏，补助布特哈生计，并允行。调西安将军。二十年，卒，谥恪勤。

庆祥，图博特氏，蒙古正白旗人，大学士保宁子。授蓝翎侍卫。嘉庆十三年，袭三等公爵，授散秩大臣、镶白旗蒙古副都统，兼正蓝旗护军参领。寻授理藩院侍郎，门工部。十八年，率京营兵从那彦成剿滑县教匪，凯旋，擢正黄旗汉军都统，历热河、乌鲁木齐都统。二十五年，授伊犁将军。八月，逆回张格尔扰喀什噶尔，官军剿捕，乃引去。参赞大臣斌静以闻，不言衅由，宣宗疑之，命庆祥往勘，得斌静纵容家奴凌辱伯克、交通奸利状，褫逮论罪。疏陈善后六事，又密请羁縻浩罕部落，许遣使入觐，以安夷心，诏俞之。

　　道光五年夏,张格尔复扰边,内地回户多与通。帮办大臣巴彦巴图率兵出塞掩之,不遇,即纵杀游牧布鲁特而还。其酋汰列克追覆官军于山谷,贼遂猖獗,褫参赞大臣永芹职,命庆祥代之。庆祥至,误信奸回阿布都拉,反为贼耳目。

　　六年夏,张格尔遣其党赫尔巴什潜赴绰勒萨雅克爱曼,纠合夷众,复令奇比勒迪至巴雅尔开渠占地,遣兵禽斩之。张格尔率众五百由开齐山路突至回城,拜其先和卓木之墓,回人所谓“玛杂”也。庆祥令帮办大臣舒尔哈善及领队大臣乌凌阿往剿,夜雷雨,张格尔溃围走,白帽回众纷起应之。张格尔复由大河沿合众数万进犯喀城,庆祥尽调各营卡兵为三营,令乌凌阿、穆克登布分率之,迎战,先后没于阵。先是张格尔求助于浩罕,约四城破,分所掠,且割喀城以报。及见官军无援,悔欲背约,浩罕酋怒,自以所部攻城未下,寻引去。张格尔追击之,收其降众数千,遂益强。八月,围喀城凡七十日,城陷,庆祥自经死。事闻,赠太子太保,晋封一等公,兼云骑尉世职,以子文辉嗣,谥壮直,祀昭忠祠。逾年,回疆平,诏于喀什噶尔建昭忠祠祀之,舒尔哈善、乌凌阿、穆克登布俱从祀,御制悯忠诗勒诸石。八年,张格尔状诛,命其子文辉看视行刑,摘心于墓前致祭。

　　舒哈尔善,葛哲勒氏,满洲镶白旗人。以骁骑校从征川、陕教匪有功,予巴图鲁勇号。累擢布特海乌拉协领,克滑县,加副都统衔。坐事褫职。道光初,予三等侍卫,充库尔喀喇乌苏领队大臣。六年,张格尔入犯,调喀什噶尔帮办大臣。与贼战,身先士卒,受枪伤,仍麾兵前进,杀数百人。城陷,被戕,予骑都尉世职。

　　乌凌阿,瓜尔佳氏,满洲镶白旗人。由前锋从征教匪,累擢头等侍卫。道光三年,授伊犁领队大臣、正红旗蒙古副都统。六年,贼逼喀城,庆祥檄令回援,遇贼于浑河,力战至晡,没于阵。赠都统衔,谥庄武,予骑都尉兼云骑尉世职。

　　穆克登布,李氏,满洲镶红旗人,伊犁驻防。由委前锋校累擢协领。道光元年,庆祥密令诱捕张格尔于托云山内,获其党蒙达拉克等,予议叙。二年,充库尔喀喇乌苏领队大臣,调伊犁。五年,率兵至喀什噶尔,驻防图舒克塔什卡伦。张格尔犯喀城,撤兵回战于七里河,死之。赠都统衔,谥壮节,予骑都尉兼云骑尉世职。

多隆武,乌素尔氏,满洲镶白旗人。由笔帖式补骁骑校,累擢协领。道光四年,加副都统衔,充叶尔羌帮办大臣。六年,喀什噶尔被围急,遣兵赴援。贼由阿色尔布依岳坡尔湖而南,分兵防御。奸回阿布都拉等潜通贼,多隆武尽诛之。喀、英两城相继陷,贼趋叶尔羌,参将吴亨佑扼单板桥,战殁。遂由黑子铺入,防师尽燔,回兵半为贼胁。伊犁道梗不能救,叶城乃陷,多隆武死之。依都统例赐恤,于叶尔羌建专祠,予骑都尉兼云骑尉世职。

叶尔羌办事大臣印登、英吉沙尔领队大臣苏伦保、和阗领队大臣奕湄、帮办大臣桂斌同殉难,追论死事诸臣,并赠恤有差,惟喀什噶尔帮办大臣巴彦巴图坐滥杀陷师,夺其恤典。

璧昌,字东垣,额勒德特氏,蒙古镶黄旗人,尚书和瑛子。由工部笔帖式铨选河南阳武知县,改直隶枣强,擢大名知府。

道光七年,从那彦成赴回疆,佐理善后。璧昌有吏才,以父久官西陲,熟谙情势,事多倚办。九年,擢头等侍卫,充叶尔羌办事大臣。璧昌至官,于奏定事宜复有变通,清出私垦地亩新粮万九千余石,改征折色,拨补阿克苏、乌什、喀喇沙尔俸饷,余留叶城充经费,以存仓二万石定为额贮,岁出陈易新,于是仓库两益。叶尔羌喀拉布札什军台西至英吉沙尔察木伦军台,中隔戈壁百数十里,相地改驿,于黑色热巴特增建军台,开渠水,种苜蓿,士马大便。所属塔塔尔及和沙瓦特两地新垦荒田,皆回户承种,奏免第一年田赋,以恤穷氓。新建汉城,始与回城隔别,百货辐辏,倍于往时。以回城官房易新城南门外旷土,茸屋设肆,商民便之。访问疾苦,联络汉、回,人心益定。

十年八月,浩罕纠诸部寇边,围喀什噶尔、英吉沙尔两城,遂犯叶尔羌。容安率援师迁延不至,璧昌抚谕回酋,同心守御,分扼科热巴特、亮噶尔诸要隘。贼万余扑城,迎战于东门外,击破之,贼宵遁,诏嘉其援师未至之先即获全胜，加副都统衔，寻授镶黄旗汉军副都统。自九月至十一月，贼复三次来犯，迭击败走之。最后贼攻城，相持五日，而哈丰阿援兵至，贼望风遁，追破之于哈拉布札什。越数日，进兵英吉沙尔，而喀什噶尔之贼已饱飏出塞，大军至，则无贼矣。璧昌素得回众心，是役尤得阿克木伯克阿布都满之助，赖以战守。事定，奏请仍袭其祖郡王封爵。长龄、玉麟奉命会筹善后事，尽谘于璧昌。

十一年，擢参赞大臣，改驻叶尔羌，遂专回疆全局。兴喀拉赫依屯田，招练民户五百人，修渠筑坝，以牌博为界，不侵回地，凡垦屯地二万二百四十亩。十二年，和阗回民塔瓦克戕伯克多拉特、依斯玛伊勒等为乱，捕其党尽置诸法。疏言：“长龄等奏增南路防兵三千屯巴尔楚克，因其地筑城未竣，遂以二千人分屯叶、喀二城。二城形胜较巴尔楚克尤要，请以暂时分屯之兵永为定额。喀城更增绿营兵三千五百，分屯七里河为犄角，叶城增乌鲁木齐满洲兵五百、绿营兵一千。”诏从之。十三年，召还京。

十四年，复出为乌什办事大臣。历凉州副都统、阿克苏办事大臣、察哈尔都统。缘事降调，充伊犁参赞大臣。授陕西巡抚，擢福州将军。二十三年，署两江总督，寻实授。英吉利和议初成，璧昌奏设福山镇水师总兵，沿江形势，扼险设防，请于五龙、北固两山及圌山关、鹅鼻嘴修筑炮台炮堤，是为筹江防之始。言官请团练乡兵，以窒碍无益，奏寝其议。淮北已改票盐，御史刘良驹疏请推广于淮南试行。疏言其不便，略谓：“淮南地广引多，价昂课重，行销之不齐，堵缉之难易，与淮北迥别。灶户成本不能骤减至三四倍，民贩更非一时可集，而课项皆常年要需。如改票议行，应纳课银孰肯再缴？应追积欠亦当豁除。此后摊带钱粮亦将尽停，利犹未见，害已先形。为今之计，但能肃清场灶以杜偷漏之源，整饬口岸以广行销之路，严禁浮滥以除在官之蠹，顾惜成本以冀商力之纾，庶淮鹾渐有起色。”疏入，如所请。二十七年，入觐，留京授内大臣，复出为福州将军。数月，以疾请回旗。咸丰三年，粤匪北犯，逼近畿，命为巡防大臣。四年，卒，赠太子太保，谥勤襄。

子恒福，直隶总督。孙锡珍，同治七年进士，由翰林院编修历官吏部尚书。当璧昌初莅叶尔羌，实继恒敬之后。

恒敬，原名恒敏，伊尔根觉罗氏，满洲正蓝旗人。嘉庆初，为四川打箭炉同知。治军需粮饷有功，擢绥定知府。累迁江宁布政使。道光初，授光禄寺卿，充哈密办事大臣。大军征张格尔，命督办转运，铸钱购粮，增设台站，供军无缺。七年，调乌什办事大臣。命赴喀什噶尔帮办善后，授叶尔羌办事大臣。迁建新城于罕那里克，勘垦官荒田，岁增粮供防兵二千口食，复于西北隅踩荒地一百余里，水土肥饶。疏请试垦。璧昌至，始垦成。八年，乞病归。寻授正白旗汉军副都统，出为西宁办事大臣。十二年，卒。

论曰：平定回疆，多用川、楚、陕旧将，百战之余，以临犬羊乌合，摧枯拉朽，旬月而告功成，何其易哉！及后海疆事起，授钺分麾，莫能御侮，盖所当坚脆不同，而胜之不可以狃也。杨芳一时名将之冠，差知彼己，晚伍庸帅，依违召讥，其以恩礼终，犹为幸焉。庆祥心知危局，身殉孤城，璧昌力捍寇氛，卒安边徼，回疆安危之所系也，并著于篇。

清史稿卷三六九
列传第一五六

林则徐　邓廷桢 达洪阿

　　林则徐，字少穆，福建侯官人。少警敏，有异才。年二十，举乡试。巡抚张师诚辟佐幕，嘉庆十六年进士，选庶吉士，授编修。历典江西、云南乡试，分校会试。迁御史，疏论福建闽安副将张宝以海盗投诚，宜示裁抑，以防骄蹇，被嘉纳。未几，出为杭嘉湖道，修海塘，兴水利。

　　道光元年，闻父病，引疾归。二年，起授淮海道，未之任，署浙江盐运使。迁江苏按察使，治狱严明。四年，大水，署布政使，治赈。寻丁母忧，命赴南河修高家堰堤工，事竣回籍。六年，命署两淮盐政，以未终制辞。服阕，补陕西按察使。迁江宁布政使，父忧归。十年，补湖北布政使，调河南，又调江宁。十一年，擢河东道总督。疏陈秸料为河工第一弊薮，亲赴各厅察验。又言碎石实足为埽工之辅，应随宜施用。

　　十二年，调江苏巡抚。吴中荐饥，奏免逋赋，筹抚恤。前在藩司任，议定赈务章程，行之有效，至是仍其法，宿弊一清。赈竣，乃筹积谷备荒。清厘交代，尽结京控诸狱。考核属吏，疏言：“察吏莫先于自察，必将各属大小政务，逐一求尽于心，然后能以验群吏之尽心与否。如大吏之心先未贯彻，何从察其情伪？臣惟持此不敢不尽之心，事事与僚属求实际。”诏嘉之，勉以力行。

　　先是总督陶澍奏浚三江，则徐方为臬司，综理其事，旋以忧去。

至是黄浦、吴淞工已竣,则徐力任未竟者,刘河工最要,拨帑十六万五千有奇,白茆次要,官绅集捐十一万两,同时开浚,以工代赈,两河旧皆通海,易淤,且凿河工钜,改为清水长河,与黄浦、吴淞交泄通流。各于近海修闸建坝,潮汐泥沙不能壅入,内河涨,则由坝泄出归海。复就原河逢湾取直,节省工费三万余两,用浚附近刘河之七浦河,及附近白茆之徐六泾、东西护塘诸河。又浚丹徒、丹阳运河,宝带桥泖淀诸工,以次兴举,为吴中数十年之利。两署两江总督。

十七年,擢湖广总督。荆、襄岁罹水灾,大修堤工,其患遂弭。整顿盐课,以减价敌私无成效,专严缉私之禁,销数大增。湖南镇筸兵悍,数肇衅,巡阅抚驭,密荐总兵杨芳,擢为提督,移驻辰州,慎固苗疆屯防。

十八年,鸿胪寺卿黄爵滋请禁鸦片烟,下中外大臣议。则徐请用重典,言:"此祸不除,十年之后,不惟无可筹之饷,且无可用之兵。"宣宗深韪之,命入觐,召对十九次。授钦差大臣,赴广东查办,十九年春,至。总督邓廷桢已严申禁令,捕拿烟犯,洋商查顿先避回国。则徐知水师提督关天培忠勇可用,令整兵严备。檄谕英国领事义律查缴烟土,驱逐趸船,呈出烟土二万余箱,亲莅虎门验收,焚于海滨,四十余日始尽。请定洋商夹带鸦片罪名,依化外有犯之例,人即正法,货物入官,责具甘结。他国皆听命,独义律枝梧未从。于是阅视沿海炮台,以虎门为第一门户,横档山、武山为第二门户,大小虎山为第三门户。海道至横档分为二支,右多暗沙,左经武山前,水深,洋船由之出入。关天培创议于此设木排铁链二重,又增筑虎门之河角炮台,英国商船后至者不敢入。义律请令赴澳门载货,冀囤烟私贩,严斥拒之,潜泊尖沙嘴外洋。

会有英人殴毙华民,抗不交犯,遂断其食物,撤买办、工人以困之。七月,义律藉索食为名,以货船载兵犯九龙山炮台,参将赖恩爵击走之。疏闻,帝喜悦,报曰:"既有此举,不可再示柔弱。不患卿等孟浪,但戒卿等畏葸。"御史步际桐言出结徒虚文,则徐以彼国重然诺,不肯出结,愈不能不向索取,持之益坚。寻义律浼澳门洋酋转圛，愿令载烟之船回国，货船听官查验。九月，商船已具结进口，义律遣兵船阻之，开炮来攻，关天培率游击麦廷章奋击败之。十月，又犯虎门官涌，官军分五路进攻，六战皆捷。诏停止贸易，宣示罪状，饬福建、浙江、江苏严防海口。先已授则徐两江总督，至是调补两广。府尹曾望颜请罢各国通商，禁渔船出洋。则徐疏言：“自断英国贸易，他国喜，此盈彼绌，正可以夷制夷。如概与之绝，转恐联为一气。粤民以海为生，概禁出洋，其势不可终日。”时英船寄碇外洋，以利诱奸民接济销烟。

二十年春，令关天培密装炮械，雇渔船昼户出洋设伏，候夜顺风纵火，焚毁附夷匪船，接济始断。五月，再焚夷船于磨刀洋。谍知所来敌船扬帆北向，疏请尚海各省戒严。又言夷情诡谲，若迳赴天津求通贸易，请优示怀柔，依嘉庆年间成例，将递词人由内地送粤。六月，英船至厦门，为闽浙总督邓廷桢所拒。其犯浙者陷定海，掠宁波。则徐上疏自请治罪，密陈兵事不可中止，略曰：“英夷所憾在粤而滋扰于浙，虽变动出于意外，其穷蹙实在意中。惟其虚骄性成，愈穷蹙时，愈欲显其桀骜，试其恫喝，甚且别生秘计，冀售其奸。一切不得行，仍必帖耳俯伏。第恐议者以为内地船炮非外夷之敌，与其旷日持久，不如设法羁縻，抑知夷情无厌，得步进步，威不能克，患无已时。他国纷纷效尤，不可不虑。”因请戴罪赴浙，随营自效。七月，义律至天津，投书总督琦善，言广东烧烟之衅，起自则徐及邓廷桢二人，索价不与，又遭诟逐，故越境呈诉。琦善据以上闻，上意始动。

时英船在粤窥伺，复连败之莲花峰下及龙穴洲。捷书未上，九月，诏曰：“鸦片流毒内地，特遣林则徐会同邓廷桢查办，原期肃清内地，断绝来源，随地随时，妥为办理。乃自查办以来，内而奸民犯法不能净尽，外而兴贩来源并未断绝，沿海各省给纷纷征调，糜饷劳师，皆林则徐等办理不善之所致。”下则徐等严议，饬即来京，以琦善代之。寻议革职，命仍回广东备查问差委。琦善至，义律要求赔偿烟价，厦门、福州开埠通商，上怒，复命备战。

二十一年春,予则徐四品卿衔,赴浙江镇海协防。时琦善虽以擅与香港逮治,和战仍无定局。五月,诏斥则徐在粤不能德威并用,褫卿衔,遣戍伊犁。会河决开封,中途奉命襄办塞决,二十二年,工竣,仍赴戍,而浙江、江南师屡败。是年秋,和议遂成。

二十四年,新疆兴治屯田,将军布彦泰请以则徐综其事。周历南八城,浚水源,辟沟渠,垦候补。寻署陕甘总督。二十六年,授陕西巡抚,留甘肃,偕布彦泰治叛番,擒其酋。

二十七年,授云贵总督。云南汉、回互斗焚杀,历十数年。会保山回民控于京,汉民夺犯,毁官署,拆澜沧江桥以拒,镇道不能制。则徐主止分良莠,不分汉、回。二十八年,亲督师往剿,途中闻弥渡客回滋乱,移兵破其巢,歼匪数百。保山民闻风股栗,缚犯迎师,诛其首要,散其胁从,召汉、回父老谕以恩信。遂搜捕永昌、顺宁、云州、姚州历年戕官诸重犯,威德震洽,边境乃安。加太子太保,赐花翎。

二十九年,腾越边外野夷滋扰,遣兵平之。以病乞归。逾年,文宗嗣位,叠诏宣召,未至,以广西逆首洪秀全稔乱,授钦差大臣,督师进剿,并署广西巡抚。行次潮州,病卒。则徐威惠久著南服,贼闻其出,皆震悚,中道遽殁,天下惜之。遗疏上,优诏赐恤,赠太子太傅,谥文忠。云南、江苏并祀名宦,陕西请建专祠。

则徐才识过人,而待下虚衷,人乐为用,所莅治绩皆卓越。道光之季,东南困于漕运,宣宗密询利弊,疏陈补救本原诸策,上畿辅水利议,文宗欲命筹办而未果。海疆事起,时以英吉利最强为忧,则徐独曰:“为中国患者,其俄罗斯乎!”后其言果验。

邓廷桢,字嶰筠,江苏江宁人。嘉庆六年进士,选庶吉士,授编修。屡分校乡、会试,称得士。十五年,授台湾遗缺知府,浙江巡抚蒋攸铦请留浙,补宁波。母忧归,服阕,补陕西延安府,历榆林、西安,以善折狱称。平反韩城、南郑冤狱,又全同州嫠妇母子,陕民歌颂,传播京师。二十五年,超擢湖北按察使,权布政使。沿江民田历年沈没，而赋额仍在，为民累，悉请免之。

道光元年，迁江西布政使。以前在西安失察渭南令故出县民柳全璧杀人罪，罣误，夺职。议成军台，宣宗知其无私，特免遣戍，予七品衔，发直隶委用。寻授通永道。四年，擢陕西按察使，迁布政使。

六年，擢安徽巡抚。自嘉庆时，安徽多大狱，凤、颍两郡俗尤悍，常以兵定，责缴兵械，私藏尚多。廷桢乃立限，责成保长，逾限及私造者置之法。任吏皆得人，刁悍之风稍戢，旧例，颍州属三人以上凶器伤人者，极边烟瘴充军，合妻发配。廷桢疏言："悍俗诚宜重惩，妇女顾名节，多自残求免，或自尽伤生，情在可矜，请停其例。"遇水灾，亲乘舟勘赈。修复安丰塘、芍陂水门，浚凤阳沫河，加筑堤闸。严缉捕，屡狱剧盗。以获南河掘堤首犯陈端，诏嘉奖。治皖十载，政尚安静，境内大和。

十五年，擢两广总督。鸦片烟方盛行，漏银出洋为大患。十六年，英吉利商人以趸船载烟，廷桢禁止不许进口，犹泊外洋，严旨驱逐。沿海奸民勾结，禁令猝难断绝。廷桢与提督关天培整备海防，迭于大屿山口、急水洋获蟹艇，载银钜万，尽数充赏，破获囤烟私贩。十八年，英船载属番男妇五百余人赴澳门居住，驱令回国。诏下禁烟议，疏言："法行于豪贵，则小民易从。令严于中土，则外货自绌。"十九年，林则徐奉命至广东，廷桢与之同心协力，尽获趸船积烟，焚之，严私贩之之罪。临以兵威，屡战皆捷，事详则徐传。奸民因失业，遍腾蜚语。廷桢疏陈，略曰："臣缉惩鸦片，三载于兹。豪猾之徒，刑僇逋逃，身家既失，怨讟遂兴。查检为希旨，掩捕为贪功，侦伺为诡谋，推鞫为酷罚。诬以纳贿，目以营私。讥建议为急于理财，訾新例为轻于改律，狂悖纷荧，无非为烟匪泄愤。"诏慰勉之。调两江、云贵，皆未赴，闽防方急，遂调闽浙总督。购洋炮十四运闽，以闽洋无内港，台炮建于海滩，沙浮不固，奏改为炮墩，囊沙堆筑，外护以船。募水勇饰商船出洋巡缉。

二十年三月，英船窥厦门，遣提督程恩高等迎敌于梅林澳，击走之。奸民勾通出洋运烟，分责水陆师严缉，遇即攻击，迭有歼擒。

六月，敌船驶入厦门，求通贸易，阻之，遂开炮，来扑炮台，参将陈胜元、守备陈光福奋击，毙其前队数人，发炮伤敌甚众，乃遁。其分犯浙洋者，陷定海，廷桢率师赴剿，行次清风岭，诏以闽防紧要，止其赴浙，遂驻兵泉州，招募练勇。疏言："英船二十余艘聚泊定海，内地师船恐难骤近，必改造坚大之船，多配炮火，间道而进，方能制胜。"九月，诏以廷桢等在粤办理不善，转滋事端，与林则徐同夺职。二十一年，琦善撤沿海兵备，虎门失守，复追论廷桢久任两广，废弛营务，与则徐同戍伊犁。二十三年，释还。寻予三品顶戴，授甘肃布政使。议清查荒地，亲往历勘，由银州东尽洮、陇，西极酒泉，得田一万九千四百余顷，又番贡地一千五百余顷，宁夏马厂地归公一百余顷，熟地升科，荒者招垦，诏嘉其勤，复二品顶戴。二十五年，擢陕西巡抚，署陕甘总督。番匪扰蒙部，遣兵邀击于硫磺沟，平之。寻回任。二十六年，卒于官。

廷桢治行早为时称，屡踬屡起，宣宗知之深，故卒用之。绩学好士，幕府多名流，论学不辍，尤精于音韵之学，所著笔记、诗、词并行世。子尔恒，亦官至陕西巡抚，自有传。

当廷桢之去福建也，逾年，英兵复至，陷厦门，遂窥台湾。总兵达洪阿偕台湾道姚莹屡却之。及和议成，同获谴。

达洪阿，字厚庵，富察氏，满洲镶黄旗人。由护军荐擢总兵。道光十五年，调台湾镇。十八年，剿嘉义县匪沈和等，赐花翎，加提督衔。二十一年八月，英兵船至鸡笼海口，达洪阿与姚莹督兵御之。副将邱镇功燃巨炮折其桅，敌船冲礁破碎，擒斩甚众，赐双眼花翎。九月，敌船再至鸡笼三沙湾，复却之。剿平嘉义、凤山土匪，予骑都尉世职。二十二年，敌船犯淡水、彰化间之大安港，欲入口。达洪阿谋于姚莹，莹曰："此未可与海上争锋，必以计歼之。"乃募渔舟投敌任乡导，诱令从土地公港入，搁浅中流，伏发，大破之，落水死者无算，其窜入渔舟者，击斩殆尽。诏嘉台湾三次破敌，达洪阿等智勇兼施，大扬国威，赐号阿克达春巴图鲁，加太子太保衔。敌船游弈外洋，乘间掩击，迭有俘获，遂不复至。既而英师再陷定海，浙江、江苏军屡挫,乃议和。英将濮鼎查诉称台湾所戮皆遭风难民,达洪阿等冒功捏奏,命总督怡良赴台湾查办。至即传旨革职逮问,兵民不服,势汹汹,达洪阿等抚慰乃散。至京,下刑部狱,寻释之,予三等侍卫,充哈密办事大臣。历伊犁参赞大臣,西宁办事大臣。二十六年,偕陕甘总督布彦泰剿平黑错寺番匪。三十年,授副都统。咸丰元年,从大学士赛尚阿剿贼广西,破紫金山西南炮台。以病回京。三年,粤匪犯畿辅,率八旗兵赴临洺关进剿。从钦差大臣胜保击贼静海,四战皆捷,追至下西河,副都统佟鉴、天津知县谢子澄阵亡。诏斥达洪阿先退,革职,留营效力。四年,败贼献县,复原官。寻追贼阜城,受伤,卒于军。赠都统衔,予骑都尉兼一云骑尉世职,谥壮武。姚莹自有传。

　　论曰:林则徐才略冠时,禁烟一役,承宣宗严切之旨,操之过急。及敌氛蹈瑕他犯,遂遭谗屏斥。论者谓粤事始终倚之,加之操纵,溃裂当不致此。则徐濒谪,疏陈:"自道光元年以来,粤关征银三千余万两,收其利必防其害。使以关税十分之一制炮造船,制夷已可裕如。"诚为说论。惟当时内治废弛,外情隔膜,言和言战,皆昧机宜,其祸岂能幸免哉?邓廷桢与则徐同心御侮,克保岩疆。若达洪阿、姚莹却敌台湾,固由守御有方,亦因敌非专注,朝廷皆不得已而罪之,诸人卒皆复起,而名节宇内、焕史册矣。

清史稿卷三七〇
列传第一五七

琦善 伊里布 宗室耆英

琦善,字静庵,博尔济吉特氏,满洲正黄旗人,父成德,热河都统,以先世格得理尔率属归附,世袭一等侯爵。

琦善由荫生授刑部员外郎,累迁通政司副使。嘉庆十九年,出为河南按察使,历江宁、河南布政使。二十四年,擢河南巡抚。河决马营坝,偕尚书吴璥督工,甫塞而仪封南岸又决,夺职,予主事衔留工。寻授河南按察使,调山东。

道光元年,就擢巡抚。父忧,夺情任事,袭侯爵。捕治临清教匪马进忠,又筹济高家堰工费八十万。五年,京察,诏嘉其明干有为,能任劳怨,加总督衔。寻擢两江总督,兼署漕运总督。时高堰屡决,淤运阻漕。琦善请用盘运法,并暂行海运,如议行。七年,议启王家营旧减坝,大浚正河,寻以减坝堵合,黄水倒漾,复闭御黄坝,漕船倒塘灌放,诏斥失机,议革职,宽之,降授内阁学士。寻复授山东巡抚。九年,擢四川总督。十一年,调直隶。十六年,协办大学士。十八年,拜文渊阁大学士,仍留总督任。琦善久膺疆寄,为宣宗所倚任。

二十年,海疆事急,驻天津筹办防务。八月,英兵船至海口,投书乞通商,诉林则徐、邓廷桢等烧烟启衅。琦善招宴英领事义律及兵官,许以代奏。遂入觐面陈,授钦差大臣,赴广东查办。谕沿海疆吏但防要隘,遇英船毋开炮,义律乃率船回粤。寻罢则徐、廷桢,命

琦善署两广总督兼粤海关监督。密疏胪陈粤事,略曰:"林则徐示令
缴烟,许以赏犒,洋人颇存奢望。迨后每烟一箱,仅给茶叶五斤,所
得不及本银百分之一。又勒具'再贩船货入官、人即正法'甘结,迄
未遵依,此衅所由起也。当义律具禀缴烟,距撤退买办五日,非出情
愿。时义律仅止孤身,设有党援,未必降心俯首。英吉利国王无给
林则徐文书之事,惟吕宋国王曾有来文,或因此误传。林则徐称定
海阴湿,洋人病死甚多。咨查洋人米谷牲畜尚充,疫疠病毙者多水
手舵工,头目死者不过数人。从前外洋来信,只言贸易。自林则徐
欲悉外情,多方购求渔利之人,造作播传,真伪互见,此时纷纷查
探,适堕术中。林则徐奏各国愤英人阻其贸易,美利坚、法兰西将遣
船来与理论。访闻各国曾有此说,然迄未见兵船来粤,前有美国二
船,乘英人不备,进口,至今未敢驶出。畏葸如斯,纵力足颉颃,恐未
肯伤其同类。虎门烧烟时,洋人观者撰文数千言纪事,事诚有之,语
多含讥刺,非心服。林则徐称具结之后,查验他国来船,绝无鸦片。
如指上年而言,事属以往,船货无凭。若指本年而言,来船尚未进
口,不能知其有,亦安能信其无?"并言将军阿精阿请团练水勇,及
林则徐请鼓励员弁,俟事定再议。疏入,报闻,则徐以是获罪。

时广东撤水师归营,猝被敌轰击,掠去米艇兵丁,巡抚怡良以
闻。琦善又陈:"英人回粤,词气傲慢,义律托疾将回国,且兵船日
增。"得旨,仍暂停贸易,一面与议,一面筹防。义律坚持索还烟价,
并增厦门、福州通商,严旨拒不许。十二月,义律见防御渐撤,数遣
挑战,琦善谕止之。义律曰:"战后再议,未为迟也。"乃犯虎门外沙
角、大角两炮台,副将陈连升力战死之,遂陷。提督关天培守靖远炮
台,总兵李廷钰守威远炮台,并请援,琦善不敢明发兵,夜遣二百人
往。二十一年正月,事闻,上震怒,下琦善严议。命御前大臣贝子奕
山为靖逆将军,户部尚书隆文、湖南提督杨芳副之,率师赴粤协剿。

义律数索香港,志在必得,琦善当事急,佯许之而不敢上闻。至
是,议律献出所踞炮台,并愿缴还定海以易香港全岛,别议通商章
程。琦善亲与相见莲花城定议,往返传语,由差遣之鲍鹏将事,同城

将军、巡抚皆不预知。及英人占踞香港,出示安民,巡抚怡良奏闻,琦善方疏陈:"地势无可扼,军械无可恃,兵力不固,民情不坚,如与交锋,实无把握,不如暂事羁縻。"上益怒,诏斥琦善擅予香港,擅许通商之罪,褫职逮治,籍没家产。英兵遂夺虎门靖远炮台,提督关天培死之。奕山等至,战复不利,广州危急,许以烟价六百万两,围始解,而福建、浙江复被扰。琦善逮京,谳论大辟,寻释之,命赴浙江军营效力,未至,改发军台。二十二年,浙师复败,吴淞不守,英兵遂入江,江宁戒严,于是耆英、伊里布等定和议,海内莫不以罢战言和归咎于琦善为作俑之始矣。是年秋,予四等侍卫,充叶尔羌帮办大臣。

二十三年,以三品顶戴授热河都统。御史陈庆镛疏论偾事诸臣罪状,上重违清议,再褫琦善职,意仍向用,未几,予三等侍卫,充驻藏大臣。二十六年,授四川总督。二十八年,诏嘉其治蜀于吏治营伍实心整顿,复头品顶戴。寻协办大学士,留总督。任以平瞻对野番功被议叙。二十九年,调陕甘总督,兼署青海办事大臣,剿雍沙番及黑城撒拉回匪。既而言官劾其妄杀,命都统萨迎阿往按,革职逮问。

咸丰二年,定谳发吉林效力赎罪,寻释回。时粤匪已犯湖南,势日炽,屡易帅皆不能制。起琦善署河南巡抚,驻防楚、豫界上。以捐饷加都统衔,授钦差大臣,专办防务。湖北省城失守,观望不能救。三年春,贼遂连陷安徽、江宁省城,分扰镇江、扬州,命琦善偕直隶提督陈金绶防江北。三月,连败贼于浦口雷塘,进剿扬州,分屯宝塔山、司徒庙,五战皆捷,秋,破浦口援贼,合围扬州。十二月,贼突围出窜瓜洲,以收复扬州入告,诏斥勇溃纵贼,责令进剿瓜洲、仪征,仪征克复。四年夏,连战金山、瓜洲、三汊河,屡奏斩获。自琦善与向荣分主大江南北军事,攻战年余,镇江、瓜洲迄未克复,无得力水师,不能扼贼,琦善虽议增水师,亦未果。是年秋,卒于军,赠太子太保、协办大学士,依总督例赐恤,谥文勤。

子恭镗,黑龙江将军。孙瑞洵,乌里雅苏台参赞大臣。瑞澂,两湖总督。瑞澂自有传。

伊里布，字莘农，镶黄旗红带子。嘉庆六年进士，授国子监学正，改补典簿。出为云南府南关通判，署澄江知府，迁腾越知州。二十四年，总督伯麟荐其熟练边务，能驭土司，治缅匪有功，以应升用。

道光五年，从总督庆保剿平永北大姚夷匪，赐花翎，署永昌知府。擢安徽太平知府。历山西冀宁道，浙江按察使，湖北、浙江布政使。五年，擢陕西巡抚，调山东。丁父忧，署云南巡抚。服阕，乃实授。时阮元为总督，伊里布和而廉，有政声。回疆兵事起，自请从军，诏斥不谙回情，妄行陈奏，夺职留任，寻复之。十三年，擢云贵总督。京察，以久任边疆，镇抚得宜，被议叙。十八年，协办大学士，留总督任。四川綦江奸民穆继贤仇杀贵州仁怀武生赵应彩，遂纠众踞方家沟为乱。伊里布率提督余步云、布政使庆禄等破其巢，斩获千余，诛贼首穆继贤、谢法真等，余匪悉平，赐双眼花翎。十九年，调两江总督。

二十年秋，英兵陷定海，命为钦差大臣，赴浙江查办。时已有论致寇由断绝贸易烧烟起衅者，密谕察访确情毋回护。寻以琦善代林则徐，命沿海遇敌勿击。伊里布初至浙，驻镇海筹防，疏报击沈敌船，有所擒获，命慰谕英人攻击出于误会，促令退兵交地，俘虏俟敌退释还。伊里布遣家丁张喜偕员弁赴定海犒师，英人亦答馈，奏闻，谕却勿受。请增调安徽、两湖兵，允之。裕谦方代署两江总督，疏言：“各省皆可议守，独浙江必应速战。”且言：“定海西境岑港为第一险要，应以精兵先据之。”下伊里布体察办理。既而琦善在粤议款不得要领，兵端又开，二十一年正月，诏促伊里布进兵规复定海。二月，义律既踞香港，尽调英船赴粤，以交还定海告。诏斥附和琦善，以兵炮未集，藉词缓攻，致敌船遁去，褫协办大学士、双眼花翎，暂留两江总督任，以裕谦代为钦差大臣督浙师。裕谦论劾伊里布遣家丁赴敌船事，命解任，带张喜来京，下刑部讯鞫，褫职，戍军台。未几，定海、镇海、宁波相继陷，裕谦殉之。

二十二年春,扬威将军奕经援浙,复挫败。巡抚刘韵珂疏陈浙事危急,荐伊里布无急功近名之心,为一时仅见,请发军营效力赎罪。于是予七品顶戴,随杭州将军耆英赴浙,密谕相机办理。及英兵犯乍浦,耆英遣往设计退兵。五月,署乍浦副都统,复令张喜传语,英兵遂去乍浦,犯吴淞,由海入江,镇江失守。伊里布奉命偕耆英赴江宁议和,事详耆英传。和议既成,英兵退,约于广东议税则,命偕耆英详慎酌商,授广州将军、钦差大臣,办理善后事宜。

二十三年,至粤,见民心不服,夷情狡横,忧悴。逾月病卒,赠太子太保,谥文敏。

宗室耆英,字介春,隶正蓝旗。父禄康,嘉庆间官东阁大学士。耆英以荫生授宗人府主事,迁理事官。累擢内阁学士,兼副都统、护军统领。

道光二年,迁理藩院侍郎,调兵部。四年,送宗室闲散移驻双城堡。五年,授内务府大臣,历工部、户部。七年,授步军统领。九年,擢礼部尚书,管理太常寺、鸿胪寺、太医院,兼都统。十二年,畿辅旱,疏请察吏省刑,嘉纳之,授内大臣。十四年,以管理步军统领勤事,被议叙。历工部、户部尚书。十五年,以相度龙泉峪万年吉地,加太子少保。命赴广东、江西按事。十七年,内监张道忠犯赌博,耆英瞻徇释放,事觉,降兵部侍郎。寻出为热河都统。十八年,授盛京将军。诏严禁鸦片,无论宗室、觉罗,按律惩治,疏请旗民十家联保,以凭稽察。

二十年,海疆戒严,疏请旅顺口为水路冲衢,当扼要筹备。英船入奉天洋面,先后游弋山海关、秦皇岛等处,锦州、山海关皆设防。二十二年正月,粤事急,琦善既黜,调耆英广州将军,授钦差大臣,督办浙江洋务。因御史苏廷魁奏英吉利为邻国所破,诏促耆英赴广州本任,乘机进剿,寻知其讹传,仍留浙江。五月,吴淞失守,命偕伊里布赴江苏相机筹办。英兵已入江,越圌山关,陷镇江,踞瓜州,耆英与扬威将军奕经先后奏请羁縻招抚。七月,英兵薄江宁下关,伊里布先至，英人索烟价、商欠、战费共二千一百万两，广州、福州、厦门、宁波、上海五港通商，英官与中国官员用平行礼，及划抵关税、释放汉奸等款。越三日，耆英至，稍稍驳诘之。英兵突张红旗，置炮钟山上临城，急止之，遣侍卫咸龄、江宁布政使恩彤、宁绍台道鹿泽良，偕伊里布家丁张喜，诣英舟，许据情奏闻。宣宗愤甚，大学士穆彰阿以糜饷劳师无效，剿与抚费亦相等为言，乃允之。耆英等与英将濮鼎查、马利逊会盟于仪凤门外静海寺，同签条约，先予六百万，余分三年给，和议遂成。九月，英兵尽数驶出吴淞，授两江总督，命筹办通商及浙江、福建因地制宜之策。

二十三年，授钦差大臣，赴广东议通商章程，就粤海关税则分别增减，各口按新例一体开关，胪列整顿税务条款，下廷议施行。又奏美利坚、法兰西等国一体通商，允之。美国请入京瞻觐，却不许。二十四年，调授两广总督，兼办通商事宜。二十五年，协办大学士，留总督任。比利时、丹麦等国请通商，命体察约束。二十六年，京察，以殚心竭虑坐镇海疆，被议叙。疏上练兵事宜，缮呈唐臣陆贽《守备事宜状》，请下各将军督抚置诸座右。英国请于西藏定界通商，谕耆英坚守成约，毋为摇惑。

故事，广东洋商居住澳门，贸易有定界，赴洋行发货，不得擅入省城。自江宁和议有省城设立栈房及领事入城之约，粤民犹持旧例，诉于大吏，不省，乃举团练，众议汹汹，不受官吏约束。二十三年，濮鼎查将入城，粤民不可，逡巡去。二十五年，英船复至，耆英遣广州知府余保纯诣商，粤民鼓噪，安抚乃罢。英人以登岸每遭窘辱，贻书大吏诮让，群情愤激，不可晓谕。至二十七年，英船突入省河，要求益坚，耆英谩许两年后践约，始退，自请议处。谕严为防备，务出万全。耆英知终必有衅。

二十八年，请入觐，留京供职，赐双眼花翎，管理礼部、兵部，兼都统。寻拜文渊阁大学士，命赴山东查办盐务，校阅浙江营伍。三十年，文宗即位，应诏陈言，略曰："求治莫先于用人、理财、行政诸大端。用人之道，明试以功，人有刚柔，才有长短。用违其才，君子亦恐误事。用得其当,小人亦能济事。设官分职,非为众人藏身之地。实心任事者,虽小人当保全。不肯任怨者,虽君子当委置。行政在于得人,迂腐之说,无裨时务,泥古之论,难合机宜,财非人不理。今赋额四千余万,支用有余,不能如额,以致短绌。致绌之由,非探本穷源,不能通盘清厘。与其正赋外别费经营,不如于正赋中核实筹画。"疏入,特谕曰:"身为端揆,一言一动,举朝所矜式。耆英率意敷陈,持论过偏,显违古训,流弊曷可胜言。"传旨申饬。耆英不自安,屡称病。是年十月,上手诏揭示穆彰阿及耆英罪状,斥"耆英在广东抑民奉夷,谩许入城,几致不测之变。数面陈夷情可畏,应事周旋,但图常保禄位。穆彰阿暗而难明,耆英显而易见,贻害国家,其罪则一"。犹念其迫于时势,从宽降为部属。寻补工部员外郎。

咸丰三年,粤匪北犯,耆英子马兰镇总兵,庆锡奏请父子兄弟同赴军前,命耆英随巡防王大臣效力,以捐饷予四品顶戴。五年,庆锡向属员借贷被劾,耆英坐私告,革职圈禁。

八年,英人纠合法、美、俄诸国兵船犯天津,争改条约,命大学士桂良、尚书花沙纳驰往查办。巡防王大臣荐耆英熟悉情形,召对自陈愿力任其难,予侍郎衔,赴天津协议。初耆英之在广东也,五口通商事多由裁决,一意迁就。七年冬,广州陷,档案为英人所得,译出耆英章奏,多掩饰不实,深恶之。及至天津,英人拒不见,惶恐求去,不候旨,回通州,于是欺谩之迹益彰,为王大臣论劾,严诏逮治,赐自尽。

论曰:罢战言和,始发于琦善,去备媚敌,致败之由。伊里布有忍辱负重之心,无安危定倾之略,且庙谟未定,廷议纷纭,至江宁城下之盟,乃与耆英结束和议,损威丧权,贻害莫挽。耆英独任善后,留广州入城之隙,兵衅再开,浸致庚申之祸。三人者同受恶名,而耆英不保其身命,宜哉。

清史稿卷三七一
列传第一五八

颜伯焘　　怡良　　祁埙　黄恩彤
刘韵珂　　牛鉴

　　颜伯焘,字鲁舆,广东连平人,巡抚希深孙,总督检子。嘉庆十九年进士,选庶吉士,授编修。道光二年,出为陕西延榆绥道、督粮道。历陕西按察使,甘肃、直隶布政使。大军征回疆,以转运劳,赐花翎。署陕西巡抚。十七年,授云南巡抚,改建滇池石闸,农田赖之。兼署云贵总督。伯焘累世膺疆寄,娴习吏治,所至有声。二十年,擢闽浙总督。

　　时定海已陷,伯焘至,劾水师提督陈阶平于英兵前次攻厦门告病规避,又论琦善主款偾事,及林则徐守粤功罪。二十二年,奏请饷银二百万,造船募新兵及水勇八千,以备出洋御敌。复疏陈广东兵事,略曰:“闽、粤互为唇齿,呼吸相通。自正月虎门不守,粤事几不可问。四月内夷船驶泊省西泥城,防勇望风溃遁,兵船被焚,炮台弃去。当事者以洋银六百万元令知府余保纯重啖敌人,始允罢战,犹报胜仗,指为就抚,以欺朝廷。夫抚非不可,然必痛剿之后,始能帖伏。今逆势方张,资之库藏,何不以养士卒?如谓曲徇商民所请,何不于誓师之始,申效死之义,与之同守?粤民非不可用,前者萧关、三元里等乡数千人围困义律,乃余保纯出城弹压,始渐散去。保纯以议抚之后,不应妄生枝节,是谓六百万之资可以求安也。奕山、隆文已远避数十里,杨芳、齐慎亦退入城。奕山、隆文等阅历未深,杨芳年老耳聋，皆不足当重任。斯时惟有特简亲信重臣，督造船炮，用本省之人，作本省之兵，悬以重赏，未有不堪一用者。臣移驻厦门，督修战具，但使船炮稍备，即当奋力攻击，不敢老师糜饷，以取咎戾。"又荐裕谦、林则徐可任粤事。

伯焘主战甚力，欲一当敌。七月，英兵三十余艘犯厦门，投书索为外埠，即驶入攻击，接战，毁敌轮船一、兵艇五，敌遂聚攻炮台，总兵江继芸、游击凌志、都司张然、守备王世俊皆死之。伯焘所募水勇，以节饷议遣，未有安置。当战时，呼噪应敌，英兵登岸，以台炮回击，厦门官署街市并毁，伯焘退保同安。英人得厦门不之守，越数日，移船赴浙洋，惟留数艘泊鼓浪屿。诏斥不能豫防，仓猝失事，以厦门收复，免其治罪，议革职，从宽降三品顶戴留任。寻命侍郎端华至闽察勘，坐未能进剿罢职，时论仍右之。

咸丰三年，召来京，将起用，道梗不得至，寻病卒。子钟骥，宣统初，官至浙江布政使。

怡良，瓜尔佳氏，满洲正红旗人。刑部笔帖式，荐升员外郎。道光八年，出为广东高州知府，调广西南宁。历云南盐法道，山东盐运使，安徽、江苏按察使，江西、江苏布政使。十八年，擢广东巡抚。

禁烟事起，林则徐、邓廷桢主之，怡良偕预其事。二十年，兼署粤海关监督。及琦善至，撤防议抚，疏请暂示羁縻，怡良及将军阿精阿皆不列衔。二十一年正月，沙角、大角炮台既失，琦善私许通商，并给香港，义律行文大鹏协撤回营汛。怡良疏陈曰："自琦善到粤以后，办理洋务，未经知会。忽闻传说义律已在香港出示，令民人归顺彼国。提臣移咨副将钞呈伪示，臣不胜骇异。大西洋自前明寄居澳门，相沿已久，均归中国同知、县丞管辖，议者犹以为非计。今英人竟占踞全岛，去虎门甚近，片帆可到。沿海之地，防不胜防，犯法之徒，必以为藏纳之薮，地方因之不靖，法律有所不行。更恐洋情反覆，要求不遂之时，仍以非礼相向，虽欲追悔，其何可及！圣虑周详，无远不照，何待臣鳃鳃过计。但忽闻海疆要地，外人公然主掌，天朝百姓，称为英国之民，臣实不胜愤恨。一切驾驭机宜，臣无从悉其颠末。惟上年十二月二十八日钦奉谕旨，调集兵丁，预备进剿，并令琦善同林则徐、邓廷桢妥办，均经宣示。臣等请添募兵勇，固守虎门，防堵要隘。今英人窥伺多端，实有措手莫及之势。不敢缄默，谨以上闻。"于是诏斥琦善专擅之罪，褫职逮治，怡良兼署总督。英兵寻陷虎门，命怡良会同参赞大臣杨芳进剿，合疏请许英属港脚商船贸易，诏斥怠慢军心，夺职留任。

是年秋，授钦差大臣，会办福建军务，署闽浙总督，寻实授。时英兵已去厦门，其留泊鼓浪屿者仅数艘。及和议成，福州、厦门皆开口岸，命偕巡抚刘鸿翱议善后事宜，筹办通商，兼署福州将军。先是台湾镇、道御敌，迭有擒斩，英人追诉其妄杀冒功，命怡良渡台湾查办，总兵达洪阿、道员姚莹逮京。当和议初定，怡良不能为之剖雪，为时论所讥。二十三年，乞病归。

咸丰二年，起授福州将军，偕协办大学士杜受田治山东赈务。三年，授两江总督。江宁、镇江已陷，暂驻常州。粤匪方炽，兵事由钦差大臣琦善、向荣主之，分驻大江南北。上海逆匪刘丽川踞城，连陷川沙、青浦、南汇、嘉定、宝山。丽川，粤人，商于沪。初起，冒用洋行公司钤记出示，众论汹汹，疑有通洋情事。怡良疏请闽、浙、江西丝茶暂行停运，使洋商失自然之利，急望克复，自能严断济贼。巡抚吉尔杭阿率兵进剿，逾年乃平。时各国因在广东争入城，与总督叶名琛龃龉，每赴上海有所陈议，谕怡良随时妥办，勿徇要求。

五年，粤匪攻金坛，遣总兵傅振邦、虎嵩林会西安将军福兴、漳州镇总兵张国梁进剿，连捷，解围。国梁进克东坝，福兴与之不洽，诏怡良密察以闻。奏言："国梁勇战，福兴所不及，人皆重张轻福。因有芥蒂，请分调以免贻误。"寻命福兴赴江西剿贼。大军围江宁，久无功，贼势益蔓。七年，以病请解，允之。同治六年，卒。

祁埙，字竹轩，山西高平人。嘉庆元年进士，授刑部主事，迁员外郎。督广西学政，任满补原官。以承审宗室敏学狱不实，褫职。寻予刑部七品小京官，累迁郎中。

道光四年，出为河南粮盐道。迁浙江按察使，覆检德清徐倪氏狱，得官吏受贿蒙蔽状，尚书王鼎覆讯，如𡒄议。迁贵州布政使。九年，召授刑部侍郎。寻出为广西巡抚。十二年，湖南、广东瑶匪并起，𡒄遣兵防富川、恭城、贺县，搜捕窜匪，追击于芳林渡，斩擒千余。瑶平，加太子少保。疏陈善后策，扼要移驻文武，稽查化导，如所议行。十三年，调广东巡抚。时卢坤为总督，和衷抚驭，筹修海防。十五年，代坤兼署总督。十八年，召为刑部尚书。宣宗知𡒄习练法律，故有此授。京察，被议叙。

二十一年，靖逆将军奕山督师广东，命𡒄往治饷。琦善既黜，授两广总督。时英兵踞虎门，省城迁避过半，𡒄示以镇静，稍稍安集。参赞大臣杨芳主持重勿浪战，奕山为其下所怂恿，商之𡒄。𡒄以敌方恣恫喝，大军新至，乘锐而用，冀挫其焰，未阻止，遂突攻英舰于省河，敌猝未备，义律夜遁。迟明，英兵大至，逼炮台，守兵溃，英兵进踞城北耆定台，高瞰城中。𡒄与巡抚怡良亟守西南两门，城外市屋尽毁，客兵皆撤入城。商民知兵不足恃，环请为目前计，款议遂决，予洋银六百万元。英舰退出虎门，而耆定台兵未去，船泊泥城，登岸侵扰，其兵目伯麦闯入三元里，民愤，磔之。义律驰救，受围，遣广州知府余保纯护之出，令率众尽退虎门外。于是乡团日盛，绅士黄培芳、余廷槐等合南海、番禺诸乡立七社，万人一呼而集储谷十余万石，不动官帑。𡒄用林则徐堵塞省河之法，以资守御。

是年夏，英人交还虎门炮台，偕奕山疏陈："见练水陆义勇三万六千余名，并各乡丁壮，分成团练。前调各省官兵，遵旨陆续分撤。"诏促规复香港，责𡒄与奕山各抒所见。𡒄奏："欲收复香港，必先修虎门炮台，然非设险省河，虎门亦难兴工。先于狮子洋、蚺蛇洞诸要隘筑堡守戍。"疏上，报闻。时时粤师实无力进剿，英人既得赂而去，兵势趋重江、浙，得以苟安。奕山屡被严诘，麾下招诱海盗，献计袭攻敌舰。奕山又为所动，𡒄劝寝其议。

二十二年，和议成，英商开市益骄，民怨益深，焚其馆，掷货于衢,濮鼎查责言,顷抚慰之,得无事。二十三年,虎门炮台工竣,疏言:"旧式炮台仅可御海盗,今仿洋法,以三合土筑人字形,炮墙量宜增移改建。"又请就海壖围沙成田一百六十余顷,可给屯丁二千人,且耕且守防要隘。并陈粤民义奋、团练可用状,谕责事期经久,俾济实用。以病乞休,累疏乃得请。二十四年,卒,优诏依尚书例赐恤,谥文恪。

黄恩彤,字石琴,山东宁阳人。道光六年进士,授刑部主事,治狱数有平反。充提牢,以疏防越狱降调,寻复之。充热河理刑司员,却翁牛特蒙古公贿,黜其爵。累迁郎中。二十年,出为江南盐巡道,迁按察使,署江宁布政使。英兵犯江宁,耆英、伊里布令恩彤偕侍卫咸龄赴敌舰议款,随同定约。事竣,复伊里布赴广东,筹议通商。改番舶互市归官办,增减税则,稽查偷漏,悉由恩彤与粤海关监督文丰商定。调广东按察使,迁布政使。美利坚人顾盛请入京,恩彤赴澳门辩折,止其行,赐花翎。二十五年,就擢巡抚。恩彤疏陈洋务,略曰:"欲靖外侮,先防内变。粤民性情剽悍,难与争锋,亦难与持久。未可因三元里一战,遽信为民足御侮也。该夷见虽释怨就抚,而一切驾驭之方与防备之具,不可一日不讲。但当示以恩信,妥为羁縻,一面慎固海防,简练军实。尤必抚柔我民,所欲与聚,所恶勿施,以固人心而维邦本。庶在我有隐然之威,因以折彼嚣凌之气"。疏入,上韪之。寻届京察,与耆英并被议叙。筹备海防,裁虎门屯丁,以沙田租税充战船炮台岁修之费。二十六年,英人争入城,议久不决,粤民愤不可谕,恩彤前疏不为时论所与,被劾。会监临文武乡试,疏请年老武生给予武职虚衔,诏斥其违例,褫职,交耆英差遣。寻以同知铨选。二十九年,告养归。咸丰初,在籍治团练。天津议和,命随耆英往,恩彤至,则款议已定,仍请终养。同治中,以御捻匪功,予三品封典。光绪七年,乡举重逢,加二品衔。寻卒。

刘韵珂,字玉坡,山东汶上人。由拔贡授刑部七品小京官,荐迁郎中。道光八年,出为安徽徽州知府,调安庆。历云南盐法道,浙江、广西按察使,四川布政使。二十年,擢浙江巡抚。定海已陷,韵珂于宁波收抚难民。沿海设防,钦差大臣伊里布驻镇海督师,琦善方议以香港易还定海,韵珂疏言:"定海为通洋适中之地,英人已筑炮台、开河道,经营一切。彼或饵渔盗为羽翼,其患非小。浙江为财赋之区,宁波又为浙省菁华所在,宜预杜觊觎。"寻诏斥伊里布附和琦善,罢去,以裕谦代之,命韵珂偕提督余步云治镇海防务。

二十一年,英兵退出定海,仍游奕浙洋,裕谦督师赴剿。定海再陷,镇海、宁波相继失守,裕谦死之。韵珂檄在籍布政使郑祖琛率师扼曹娥江,总兵李廷扬、按察使蒋文庆、道员鹿泽良驻防绍兴,募勇二万人守省城,庀守具,清内奸,抚沙匪十麻子投诚效用,人心以安。英舰窥钱塘江,寻退去。扬威将军奕经援浙。

二十二年春,规复宁波,不克,扰及奉化、慈溪,战数不利,命韵珂偕钦差大臣耆英筹办防务。韵珂疏言:"浙事有十可虑,皆必然之患,无可解之忧,若不早为筹画,国家大事岂容屡误?见在奕经赴海宁查看海口,文蔚留驻绍兴调置前路防守,究竟此后作何筹办,奕经等亦无定见。臣若不直陈,后日倘省垣不守,粉身碎骨,难盖前愆,伏乞俯念浙省危急,独操乾断,饬令将军等随机应变,俾浙省危而复安,天下胥受其福。"又力荐伊里布"不贪功、不好名,为洋人所感戴。其家人张喜亦可用。倘令来浙,或英兵不复内犯。"疏入,上颇采其言,命伊里布随耆英赴浙,相机办理。

四月,乍浦陷,伊里布往说英人退兵,于是改犯吴淞,入大江,乃于江宁定和议。韵珂贻书耆英、伊里布等曰:"抚局既定,后患颇多,有不能不鳃鳃过虑者。英船散处粤、闽、浙、苏较多,其中有他国纠约前来者,粤东又有新到。倘退兵之后,或有他出效尤,或即英人托名复出,别肆要求,变幻莫测。此不可不虑者一也。洋人在粤,曾经就抚,迨给银后,滋扰不休,反覆性成,前车可鉴。或复称国主之言,谓马、郭办理不善,撤回本国,别生枝节。此不可不虑者二也。上所获之郭逆义子陈禄,皆云虽给银割地,决不肯不往天津,而现索马头不及天津,殊为可疑。能杜其北上之心,方免事后之悔。此不可不虑者三也。通商既定,自必明立章程,各省关口应输税课,万一洋人仍向商船拦阻,势不能听其病商扰课,一经阻止,又启衅端,此不可不虑者四也。民人与洋人狱讼,应听有司讯断,万一抗不交犯,又如粤东林如美之案,何以戢外暴而定民心?此不可不虑者五也。罢兵之后,各处海口仍须设防,修造战船炮台,添设兵伍营卡,倘洋人猜疑阻扰,以致海防不能整顿。此不可不虑者六也。今日汉奸尽为彼用,一经通商,须治奸民。内地民人投往者,应令全数交出,听候安插。否则介夫洋汉之间,势必恃洋犯法,不逞之徒,又将投入,官法难施,必寻衅隙。此不可不虑者七也。既定马头,除通商地面不容泊岸,倘有任意闯入,取掠牲畜妇女,民人不平,纠合抗拒,彼必归咎于官,而兴问罪之师。此不可不虑者八也。名曰通商,本非割地,而定海拆毁城垣,建造洋楼,挈眷居住,倘各省均如此,恐非通商体制,腹内之地,举以畀人,转瞬即非我有。此不可不虑者九也。中国凋敝,由于漏银出洋。今各省有洋船,漏银更甚,大利之源,势将立竭,会子、交子之弊政将行,国用、民用之生计已绝。此不可不虑者十也。至于议给之款,各省分拨。浙省自军兴以来,商民捐饷赈灾,宁波菁华为洋人搜括,岁事歉收,责以赂敌之款,势必不应。若如四川之议增粮赋,江、浙万不能行。故剿敌之款可捐,赂敌之款不可捐,他省完善之地可捐,浙省残破之余不可捐。惟亮督之。"所言并切利害。

韵珂机警多智,数见浙兵不可恃,以战事委之裕谦、奕经,专固省防,浙人德之。及事急,再创调停之说,而虑成议于浙,为天下诟,移祸于江苏。然世多讥其巧于趋避。二十三年,擢闽浙总督。疏言:"浙江旧未与外洋交易,与广东情事不同。应于耆英等所议章程稍加变通,先申要约。"又筹海疆善后事宜二十四则,下议行。二十四年,疏报厦门开市,鼓浪屿尚有英兵栖止,恐久假不归,请谕禁,与领事面订预杜偷漏稽查洋众条款。又奏天主教流弊,请稽查传教之地,不令藏奸。或有藉端滋事,据事惩办,不牵及习教,俾无藉口。

二十四年,英人始至福州,请于南台及城内乌石山建洋楼,韵珂难之。士绅见广东争议久不决，亦援以拒。英人诉诸耆英，谓不践原约，则鼓浪屿且不退还，往复辩论。卒不能阻，而闽人归咎于韵珂。三十年，文宗即位，以病乞假，特旨罢职回籍。咸丰二年，坐泉州经历何士邠犯赃逃逸，追论宽纵，褫职。同治初，召来京，以三品京堂候补。复乞病归，卒于家。

牛鉴，字镜堂，甘肃武威人。嘉庆十九年进士，选庶吉士，授编修。迁御史、给事中。道光十一年，出为云南粮储道，历山东按察使、顺天府尹、陕西布政使，与巡抚不合，乞病归。十八年，起授江苏布政使，署巡抚。

十九年，擢河南巡抚。整顿吏治，停分发，止摊捐。筹银二十万两，津贴瘠累十五县，筑沁河堤，浚卫河，甚有政声。二十一年六月，河决祥符，水围省城。鉴率吏民葺城以守，规地势泄水，赈抚灾黎。时水分二流，一环城西南，一由东南行，均注归德、陈州，入江南境。鉴以正河断流，决口难遽塞，议急卫省城。水涨不已，西北隅尤当冲，城垣坍陷十余处，抛砖石成坝，绁钜舟以御之，奇险迭出，昼夜临陴，民感其诚，同心守护，有不受雇值者。当事急，河督文冲奏省城卑湿不可复居，请择地迁移。鉴疏言："一月以来，困守危城，幸保无虞者，实由人心维系。若一闻迁徙，各自逃生，谁与防守？恐迁徙未及，水已灌城，变生俄顷，奸民乘机抢掠，法令不行，情状不堪设想。节交白露，水将渐消，惟有殚竭血诚，坚忍守御，但得料物应手，自可化险为平。"命大学士王鼎、侍郎慧成往勘。鉴与合疏言省城可守不可迁，决口可堵不可漫，并劾文冲漠视延误状，于是褫文冲职。秸料大集，缮治堤坝，水亦渐退，守城凡六十余日而卒完。命偕王鼎等兴工塞决。

会英兵犯浙江，裕谦殉于宁波，命鉴代署两江总督，寻实授。十月，至苏州受事，阅海口，偕提督陈化成治防，缮台增炮，沿海以土塘为蔽，驻四营居中策应。二十二年四月，英兵既陷乍浦，遂窥吴淞口。五月，敌舰七十余艘来攻，鉴偕化成督战，击沉贼船三，西炮台

及战舰皆被毁。敌以小舟载兵由小沙背登陆,徐州镇总兵王志元兵
先溃,化成死之。鉴退嘉定,而宝山、上海相继陷。又退昆山,收集
溃兵。寿春镇总兵尤渤守松江,敌两次来犯,皆击却之。英舰聚泊
吴淞口外,扬言将北犯天津。六月,突入江,乘潮上驶,直越圌山关,
鉴由京口退保江宁。提督齐慎、刘允孝迎战京口,不利,退守新丰。
镇江陷,副都统海龄死之。敌舰分薄瓜洲,扬州震动,盐运使但明伦
听商人江寿民计,赂以六十万金,遂犯江宁,舰泊下关。

　　鉴初专防海口,倚陈化成,沿江鹅鼻嘴、圌山关诸要隘仓猝调
兵,益无足恃。化成既死事,鉴知不能复战,连疏请议抚。耆英、伊
里布先后奉命至,英人索五处通商及偿款,诸臣未敢遽允。敌兵遂
登岸,置大炮临城,乃悉许之。合疏以保全民命为请,略曰:"江宁危
急,呼吸可虞,根本一摧,邻近皖、赣、鄂、湘皆可航溯。彼所请虽无
厌,而通市外无他图。与其结兵祸而毒生灵,曷若捐钜帑以全大局?
厦门敌军虽退,尚未收复。香港、鼓浪屿、定海、招宝山仍未退还,使
任其久踞逡巡,不如归我土地。既愿循例输税,即为悔祸向风。此
后彼因自护租岸,我即以捍蔽海疆,未始非国家之福。所请平礼虚
文,不妨假借。事定之后,亦应释俘囚以坚和好,宽胁从以安反侧。"
并附详条目以闻。八月,和议成,英兵悉退出海洋。

　　寻以贻误封疆罪,褫职逮问,谳大辟,二十四年,释之,命赴河
南中牟河工效力。工竣,予七品顶戴,以六部主事用,回籍。咸丰三
年,粤匪北扰,予五品顶戴,署河南按察使。四年,命卸任,劝捐募
勇,赴陈州,偕徐广缙剿捻匪,破颍州贼李士林于阜阳方家集,焚其
巢,加按察使衔。五年,又破之于霍邱三河,士林寻于湖北就抚。鉴
深得河南民心,前劝捐中牟大工,得钱二百万缗,至是集军饷复及
百万。叙功,加二品顶戴。以病乞归。八年,卒。

　　论曰:颜伯焘怀抱忠愤,而无克敌致果之具。怡良不附和琦善,
亦无建树。祁𡎴依违和战之间,苟全而已。刘韵珂以术驭人,阴主
和议。牛鉴以循吏处危疆,身败名裂。要之筹边大计,朝廷无成算,

则膺封圻之寄者为益难,况人事之未尽乎? 呜呼! 论世者当观其微也。

清史稿卷三七二
列传第一五九

裕谦 谢朝恩 重祥　关天培 陈连升

祥福 江继芸　陈化成 海龄

葛云飞 王锡朋 郑国鸿 朱贵

　　裕谦,原名裕泰,字鲁山,博罗忒氏,蒙古镶黄旗人,一等诚勇公班第曾孙,绥远城将军巴禄孙。父庆麟,京口副都统。

　　裕谦,嘉庆二十二年进士,选庶吉士。散馆改礼部主事,迁员外郎。道光六年,出为湖北荆州知府,始改今名。调武昌,历荆宜施道、江苏按察使。十九年,就迁布政使,署巡抚,寻实授。

　　二十年,英兵陷定海,伊里布奉命往剿,裕谦代署两江总督。时英舰游奕海门外洋,江南戒严。裕谦赴宝山、上海筹防,檄徐州镇总兵王志元,佐提督陈化成防海口。疏陈规复定海之策,可无虑者四,难缓待者六,谓各省皆可言守,浙江必应议战,且应速战。又疏劾琦善五罪,略曰:"英人至天津,仅五船耳,琦善大张其事,遽称:'畿疆、辽沈处处可虞,后来之舰尚多,势将遍扰南北。'冀耸听闻,以掩其武备废弛之咎。张皇欺饰,其罪一。英酋回粤以来,骄桀日甚,琦善惟责兵将谢过,别未设筹,将士解体,军心沮丧。彼军乘敝,遂衄我师。我船炮纵不知彼,兵数何啻十倍。琦善不防后路,事败委过前人。试思琦善未至粤时,未闻失机,其又何说?弛备损威,其罪二。沙角、大角炮台既失,自应迅驻虎门,乃其奏中不及剿堵事,惟以覆书缓兵为词,且嘱浙省勿进兵。旋以给香港、即日通商定议,不俟交还定海后奏允奉行。违例擅权,其罪三,既畀香港换出定海,而英人仍欲通商宁波,销售鸦片。何以不在粤剪断葛藤?将就苟且,其罪四。义律仅外商首领,向来呈牍,自称远商远职。上年在天津、浙江僭称公使大臣,琦善不之详,假以称号。失体招衅,其罪五。琦善已为英人藐玩,各国轻视,不宜久于其任。"疏上,宣宗愤琦善受绐,斥伊里布附和,信裕谦忠直可恃。

二十一年春,罢伊里布,以裕谦代之。裕谦至镇海,英舰已去定海,渡海往治善后事宜。寻实授两江总督,以浙事付巡抚刘韵珂、提督余步云,自回江南部署防务。初英兵在定海,残虐人民,既退,犹四出游奕。裕谦捕获兵目,剥皮抽筋而悬之,又掘敌尸焚于通衢。英人遂藉口复仇,大举再犯浙洋,裕谦率江宁驻防及徐州镇兵千,驰至镇海督战,令总兵葛云飞、郑国鸿、王锡朋率兵五千守定海,手缄密谕,付临阵启视,退者立斩。

八月,敌舰二十九艘、兵三万来攻,分三路并进,血战六昼夜,三镇并死之,定海陷。越数日,敌由蛟门岛进犯镇海,招宝山为要冲,余步云守之,别遣总兵谢朝恩守金鸡岭为犄角。裕谦疑步云怀两端,乃集将士祭关帝、天后,与众约:"毋以退守为词,离城一步。亦毋以保全民命为词,受洋人片纸。不用命者,明正典刑,幽遭神殛!"步云知其意,不预盟誓。及战,裕谦登城,手援枹鼓,步云诣请遣外委陈志刚赴敌舰,暂示羁縻,裕谦不许。有顷,敌登招宝山,步云不战而退。敌复分兵攻金鸡岭,谢朝恩中炮殒,两山同陷,镇海守兵望风而溃。裕谦先誓必死,一日经学宫前,见泮池石镌"流芳"二字,曰:"他日于此收吾尸也!吾曾祖于乾隆二十一年八月殉难,今值道光二十一年八月,非佳兆。"预检批寄谕、奏稿送嘉兴行馆,处分家事甚悉。临战,挥幕客先去,曰:"胜,为我草露布;败,则代办后事。"至是果投泮池,副将丰伸泰等拯之出,舆至府城,昏愦不省人事。敌且至,以小舟载往余姚,卒于途,遂至西兴,刘韵珂等视其敛。事闻,赠太子太保,予骑都尉兼一云骑尉世职,附祀京师昭忠祠,于镇海建立专祠,谥靖节。柩至京,遣成郡王载锐奠酹。

当初败,余步云疏报镇海大营先溃,裕谦不知所往。韵珂等奏至,上始释疑,予优恤。幕客陈若木从兵间代裕谦妻草状,诣阙讼冤,逮步云论治伏法。嗣子德峻袭世职,以主事用,官至山东候补知府。

谢朝恩,四川华阳人。由行伍从将军德楞泰剿教匪,积功至都司。累擢闽浙督标副将,从平台湾张丙乱。道光十四年,擢狼山镇总兵。从伊里布防镇海,充翼长。裕谦令守金鸡岭,力战御敌。敌别出一队由沙蟹岭绕出山后夹攻,遥见招宝山威远城已为敌踞,兵遂溃。朝恩扼炮台,中敌炮,堕海,尸不获。浙人有亲见其死者,歌咏传其事,与葛云飞等同称四镇云。赐恤,予骑都尉世职。

重祥,张氏,汉军正黄旗人。世袭一等轻车都尉,金华协副将。从葛云飞战定海受伤,复佐守金鸡岭,力战死之。处州营游击托云保、卜氏,亦汉军旗人,偕重祥同殉于阵,并予云骑尉世职。

关天培,字滋圃,江苏山阳人。由行伍洊升太湖营水师副将。道光六年,初行海运,督护百四十余艘抵天津,被优叙。七年,擢苏松镇总兵。十三年,署江南提督。十四年,授广东水师提督。时英吉利通商渐萌跋扈,兵船阑入内河,前提督李增阶以疏防黜,天培代之。至则亲历海洋厄塞,增修虎门、南山、横档诸炮台,铸六千斤大炮四十座,请筹操练犒赏经费。十八年,英人马他伦至澳门,托言稽察商务,投函不如制,天培却之。禁烟事起,偕总督邓廷桢侦缉甚力。

十九年,林则徐莅广东,檄天培勒逐船缴烟二万余箱焚之,于是严海防,横档山前海面较狭可扼,铸巨铁链横系之二重,阻敌舟不能迳过,炮台乃得以伺击。则徐倚天培如左右手,常驻沙角,督本标阳江、碣石两镇师船排日操练。七月,英舰突犯九龙山口,为参将赖恩爵击退。九月,二舰至穿鼻洋,阻商船进口,挑战。天培身立桅前,拔刀督阵,退者立斩。有击中敌船一炮者,立予重赏,发炮破敌船头鼻,敌纷落海,乃遁。

敌舰久泊尖沙嘴,踞为巢穴。迤北山梁曰官涌,俯视聚泊之所,攻击最便,天培增炮驻营,敌屡乘隙来争,不得逞。十月,敌以大舰正面来攻,小舟载兵从侧乘潮扑岸,歼之于山冈。复于迤东胡椒角窥伺,炮击走之。乃调集水陆兵守山梁,参将陈连升、赖恩爵、张斌、游击伍通标、德连等为五路,合同进攻。敌乘夜来犯,五路大炮齐击,敌舟自撞,灯火皆灭。侵晓瞭望,逃者过半,仅存十余舟远泊。次日,复有二敌舰潜进,随者十数,复诸路合击,毁其头船,遂散泊外洋。捷闻,诏嘉奖,赐号清福灵阿巴图鲁。

二十年春,英舰虽不敢复进,犹招奸民分路载烟私售。天培沿海搜捕,一日数起,复饰渔船蟹艇乘间焚毁敌舟,英人始改计他犯。及林则徐罢,琦善代之,一意主抚,至粤,先撤沿海防御,仅留水师制兵三分之一,募勇尽散,而英人要索甚奢,久无定议,战衅复起。十二月,英船攻虎门外沙角炮台,副将陈连升死之,大角炮台随陷,并为敌踞,虎门危急。天培与总兵李廷钰分守靖远、威远两炮台,请援,琦善仅遣兵二百。

二十一年正月,敌进攻,守台兵仅数百,遣将恸哭请益师,无应者。天培度众寡不敌,乃决以死守,出私财饷将士,率游击麦廷章昼夜督战,敌入三门口,冲断桩链,奋击甫退,南风大作,敌船大队围横档、永安两炮台,遂陷。进攻虎门,自巳至酉,杀伤相当,而炮门透水不得发,敌自台后攒击,身被数十创。事急以印投仆孙长庆,令去,行未远,回顾天培已殉绝于地,廷章亦同死,炮台遂陷。长庆缒崖出,缴印于总督,复往寻天培尸,半体焦焉,负以出。优恤,予骑都尉兼一云骑尉世职,谥忠节,入祀昭忠祠,建立专祠。母吴年逾八十,命地方官存问,给银米以养余年。子从龙袭世职,官安徽候补同知。

陈连升,湖北鹤峰人。由行伍从征川、楚、陕教匪,湖南、广东逆瑶,数有功。累擢增城营参将。道光十九年,破英兵于官涌,擢三江口副将,调守沙角炮台。及英舰来犯,连升率子武举长鹏以兵六百当敌数千，发地雷扛炮毙敌数百，卒无援，殁于阵，长鹏赴水死。敌以连升战最猛，裔其尸。事闻，诏嘉其父子忠孝两全，入祀昭忠祠，并建专祠，加等依总兵例赐恤，予骑都尉世职，子展鹏袭，起鹏赐举人。

祥福，玛佳氏，满洲正黄旗人。由亲军累擢冠军使。出为湖南宝庆协副将。从提督罗思举平江华瑶有功。历绥靖、宁夏、镇筸诸镇总兵。二十年，率本镇兵援广东。二十一年，守乌涌炮台，与虎门同时陷，祥福死之，予骑都尉世职，祀昭忠祠。寻诏与关天培同建专祠，子喜瀛，袭世职。

天培等皆以琦善不欲战，无援，故败，海内伤之，而福建总兵江继芸又以颜伯焘促战而亡。

继芸，福建福清人。由行伍拔补千总。道光六年，台湾张丙之乱，战枋树窝、小鸡笼，以擒贼功擢守备。累迁台湾副将。二十年，署南澳镇总兵。总督邓廷桢荐其才，寻擢海坛镇总兵，调金门镇，从颜伯焘守厦门。二十一年，广东方议款，英舰游奕闽洋。伯焘素主战，庀船炮备出击，而新裁水勇未散，军心不坚，继芸以为言，伯焘不听。七月，英舰泊鼓浪屿，集水陆师御诸屿口，炮毁敌舟，而敌已扑炮台登岸，陆师先溃，继芸急赴援，中炮落海死。护理延平协副将凌志、淮口都司王世俊同殉。凌志，富察氏，满洲镶黄旗人。

陈化成，字莲峰，福建同安人。由行伍授水师把总。嘉庆中，从提督李长庚击蔡牵，数有功，以勇闻。累擢烽火门参将。总督董教增荐其久历闽、粤水师，手擒巨盗四百八十余人，勤劳最著，请补澎湖副将，以籍隶本省，格不行。迁瑞安协副将。

道光元年，乃调澎湖。历碣石、金门两镇总兵。十年，擢福建水师提督。十二年，英吉利船驶入闽、浙、江南、山东洋面，命化成督师巡逻，以备不虞。同安潘涂、宦浔、柏头诸乡素为盗薮，掩捕悉平之。

二十年，英舰犯闽，化成率师船击之于梅林洋，寻退去。调江南提督。江南水师素怯懦，化成选闽中亲军教练，士气稍振。筹备吴淞防务,修台铸炮,沿海塘筑二十六堡。化成枕戈海上凡二年,与士卒同劳苦,风雨寒暑不避,总督裕谦、牛鉴皆倚为长城。当定海三总兵战殁,裕谦亦殉,化成哭之恸,谓所部曰:"武臣死于疆场,幸也。汝曹勉之!"吴淞口以东西炮台为犄角,化成率参将周世荣守西台,参将崔吉瑞、游击董永清守东台,而徐州镇王志元守小沙背,以防绕袭。

二十二年五月,敌来犯,泊外洋,以汽舟二,列木人两舷,绕小沙背向西台,欲试我炮力。化成知之,不发,敌舟旋去,以水牌浮书约战。牛鉴方驻宝山,虑敌锋不可当。化成曰:"吾经历海洋四十余年,在炮弹中入死出生,难以数计。今见敌勿击,是畏敌也。奉命讨贼,有进无退。扼险可胜,公勿怖!"鉴乃以化成心如铁石,士卒用命,民情固结入告,诏特嘉之。越数日,敌舰衔尾进,化成麾旗发炮,毁敌舰三,歼毙甚众。鉴闻师得力,亲至校场督战,敌以桅炮注击,毁演武厅,鉴遽退。敌攻坏土塘,由小沙背登岸,徐州兵先奔,东台亦溃,萃攻西台,部将守备韦印福,千总钱金玉、许攀桂,外委徐大华等皆战死。尸积于前,化成犹掬子药亲发炮,俄中弹,喷血而殒。炮台既失,宝山、上海相继陷。越八日,乡民始负其尸出,殓于嘉定。事闻,宣宗震悼,特诏优恤,赐银一千两治丧,予骑都尉兼一云骑尉世职,谥忠愍,于殉难处所及原籍并建专祠。子廷芳,袭世职,廷菜,赐举人。

海龄,郭洛罗氏,满洲镶白旗人。由骁骑校授张家口守备。累擢大名、正定两镇总兵。以事降二等侍卫,充古城领队大臣。历西安、江宁、京口副都统。英兵既陷吴淞,由海入江,六月,犯镇江,提督齐慎、刘承孝败退,遂攻城,海龄率驻防兵死守二日,敌以云梯入城屠旗、民,海龄与全家殉焉。予骑都尉兼一云骑尉世职,谥昭节,入祀昭忠祠,并建祠镇江,妻及次孙附祀。当城破时,海龄禁居民不得出,常镇道周顼弃城走,事后讦海龄妄杀良民,为众所戕,言官亦论奏,下疆吏究勘得白,诏以阖门死难,大节无亏,仍照都统例赐恤,治顼罪如律。子宜兰泰,袭世职。

　　葛云飞,字雨田,浙江山阴人。道光三年武进士,授守备,隶浙
江水师,勤于缉捕,常微服巡洋,屡获剧盗,有名。荐擢瑞安协副将。
十一年,署定海镇总兵,寻实授。以父忧归。二十年,英兵犯定海,
总兵张朝发战败失守,巡抚乌尔恭额、提督祝廷彪强起云飞墨絰从
军,总督邓廷桢亦荐其可倚,署定海镇。云飞议先守后战,扼招宝、
金鸡两山,列炮江岸,筑土城,集失伍旧兵训练,军气始振。英人安
突得出测量形势,以计擒之,敌始有戒心。云飞乘机图恢复,未果。

　　二十一年,广东议款,以香港易定海,钦差大臣伊里布令云飞
率所部渡海收地,然后释俘,以二镇师偕往。二镇者,寿春镇王锡
朋、处州镇郑国鸿也。既而裕谦代伊里布,改议战守,云飞以定海三
面皆山,前临海无蔽,请于道头筑土城,竹山、晓峰岭增炮台,而道
头南五奎山、吉祥门、毛港悉置防为犄角。裕谦以费钜未尽许,则请
借三年廉俸兴筑,益忤裕谦。寻至定海,见云飞青布帕首,短衣草
履,奔走烈日中。又闻其巡洋捕盗伤臂,夺盗刃刺之,始服其忠勇。
迨英兵复来犯,炮击敌舰于竹山门、东港浦,迭却之,加提督衔。于
是云飞屯道头土城,锡朋、国鸿分防晓峰、竹山,云飞独当敌冲,敌
连檣进突,登五奎山,炮击红衣夷目,乃退。次日,敌蔽山后发炮仰
击,亦隔山应之。夜,敌乘雾至,直逼土城,炮中载药敌船,轰歼甚
众。越日,乃肉薄来夺晓峰岭,分攻竹山门,锡朋、国鸿皆战殁,县城
遂陷。敌萃攻土城,云飞知不可为,出敕印付营弁,率亲兵二百,持
刀步入敌中,转斗二里许,格杀无算。至竹山麓,头面右手被斫,犹
血战,身受四十余创,炮洞胸背,植立崖石而死。定海义勇徐保夜负
其尸,浮舟渡海。是役连战六昼夜,毙敌千余,卒以众寡不敌,三镇
同殉。事闻,宣宗挥泪下诏,赐金治丧,恤典依提督例,予骑都尉兼
一云骑尉世职,谥壮节。赐两子文武举人,以简袭世职,官至甘肃阶
州知州,以敦官守备。

　　云飞兼能文,著有《名将录》、《制械制药要言》、《水师缉捕管
见》、《浙海险要图说》及诗文集。事母孝,母亦知大义,丧归,一恸而

止,曰:"吾有子矣!"

锡朋,字樵佣,顺天宁河人。以武举授兵部差官,迁固原游击。从陕甘总督杨遇春征回疆,大河拐、洋阿巴特、沙布都尔、浑河诸战并有功,赐花翎,擢湖南临武营参将。十二年,从剿江华瑶赵金龙,赐号锐勇巴图鲁,擢宝庆协副将。又平广东连州瑶,功最。擢汀州镇总兵,以忧归。十八年,起授寿春镇总兵。二十年,偕提督陈化成防吴淞,伊里布调援宁波。寻偕葛云飞等守定海。敌至,锡朋初守九山门,为诸军应援,数获胜。及敌乘雾登晓峰岭,以无巨炮不能御,率兵奋击,并分援竹山,所部神弁朱汇源、吕林环、刘桂五、夏敏忠、张魁甲先后阵殁,众且尽,锡朋手刃数人,遂遇害。久之始得其尸,面如生,耳际有创,巡抚刘韵珂验实,为改殓,恤典加等,予骑都尉兼一云骑尉世职,谥刚节。子承泗、承瀚,并赐文举人,承泗袭世职,官山西温州知州,承瀚工部主事。

国鸿,字雪堂,湖南凤凰厅人。父朝桂,贵州副将。伯父廷松,镇筸千总,殉苗难,无子,以国鸿嗣,袭云骑尉。从傅鼐剿苗,授永绥屯守备,荐擢宝庆副将。道光二十年,擢处州镇总兵,调防镇海,充翼长。定海既还,移兵分守要隘。敌舰初犯竹山门,国鸿发巨炮断其桅,遂以竹山为分汛地。战连日,久雨,往来泥淖。及敌分三路同时来扑,国鸿奋击,枪炮皆热不可用,短兵拒战,而土寇导敌夺晓峰岭,险要尽失,国鸿单骑冲阵,被数十创而殒,依总兵赐恤,予骑都尉世职,追谥忠节。子鼎声已殁,赐其孙锷、铦并为举人,锷袭骑都尉,七品小京官,锷袭云骑尉。出继之子鼎臣,批验大使,从军中,扬威将军奕经令募水勇攻敌海山港,赐花翎、四品顶戴。三镇死事最烈,并入昭忠祠。定海收复,建立专祠,合祀云飞、锡朋,并许原籍各建专祠。

当定海之初陷也,总兵张朝发战于港口,兵败,身受炮伤,知县姚怀祥、典史全福皆死之。时咎朝发不专守陆路,巡抚乌尔蒙额疏劾逮治。朝发已以伤殒,恤典不及焉。浙中战事以定海为最力。后扬威将军奕经督师,将帅多阘茸,战事如儿戏,惟金华协副将朱贵称忠勇。

贵，字黻堂，甘肃河州人。以武生入伍，从征川、陕教匪，剿蓝号贼于卢家湾。贼渠冉学胜伏密箐中，以长矛刺伤主将，贵夺其矛而禽之，勇冠军中。滑县、三才峡诸役，皆在事有功，累擢凉州守备。道光初，从杨遇春战回疆，擢游击，历陕西西安参将、署察汉托洛亥副将。二十一年，擢浙江金华协副将。扬威将军奕经督师，贵率陕甘兵九百以从。时兵多新募，惟贵所部最号劲旅。二十二年春，奕经规复宁波、镇海，令贵当镇海一路，行未至，宁波已失利，止勿进，调赴长溪岭大营，遂屯慈溪城西大宝山。敌乘胜以二千人自大西坝登岸，贵率所部迎击，毙敌四百余人。再却再进，自辰至申，军中不得食，犹酣战。乡勇忽乱队，敌由山后钞袭，增者几倍。又三舰自丈亭江直逼山下，长溪大营惊溃。贵腹背被攻，怒马斫阵，中枪马倒，跃起夺敌矛奋斗，伤要害，乃踣。子武生昭南，以身障父，同时阵亡。部下游击黄泰，守备徐宦、陈芝兰，浙江候补知县颜履敬等，兵卒三百余人，同死。诏嘉其忠勇，依总兵例赐恤，予骑都尉世职，子廷瑞袭。昭南予云骑尉世职，子纲甫四岁，命及岁袭职。

阿木穰，世袭土司，大金河千总，加副将衔、巴图鲁勇号。哈克里，瓦寺土守备，率金川屯练赴军，皆趫捷奋勇，战辄争先。冠虎形，奕经占有虎头之兆，令赴前敌，从提督段永福攻宁波。敌已为备，至则城门不闭。阿木穰率土司兵先入，中地雷同没。哈克里攻夺招宝山，猱升而上，抢入威远城。敌舰自金鸡山蕲江至，用炮仰击，遂不支而退，后亦殉难，浙人哀之。自朱贵大宝山之战，敌受创甚钜，遂戒深入，慈溪县城获完。士民思其功，为建祠报赛，阿木穰、哈克里亦附祀焉。

论曰：海疆战事起，既绌于兵械，又昧于敌情，又牵制于和战之无定，畏葸者败，忠勇者亦败，专阃之臣，忘身殉国，义不返踵，亦各求其心之所安耳。呜呼！烈已！偏裨授命者，附著于篇。

清史稿卷三七三
列传第一六〇

宗室奕山 隆文　宗室奕经 文蔚
特依顺　余步云

宗室奕山，恂郡王允禵四世孙，隶镶蓝旗。授乾清门侍卫。道光七年，从征喀什噶尔，擢头等侍卫、御前行走。历伊犁领队大臣、参赞大臣。十八年，授伊犁将军。二十年，偕副都统关保赴塔什图毕治垦务，辟田十六万四千余亩，奏请置回千户及五品伯克以下官。召授正白旗领侍卫内大臣、御前大臣。

二十一年，命为靖逆将军，督师广东，尚书隆文、提督杨芳为参赞副之。时英兵已陷虎门，杨芳先至，听美利坚人居间，乞许通商，被严斥，促奕山速赴军。三月，抵广州。英舰横亘省河，奕山问计于林则徐，则徐议先遣洋商设法羁縻，俾英舰暂退。塞河道，积沙囊于岸以御炮，然后以守为攻。奕山不能用，且自琦善撤防，旧储木桩钜石皆为敌移去，时以杉板小船游弋以诱我师。杨芳主持重，以募勇集不欲浪战。奕山初亦然之，既而惑于左右言，欲侥幸一试，芳止之不可。夜进兵，乘风毁七艘，报捷，诘旦乃知误焚民舟，而英兵大至，连舟抵城下。御于河南，互有杀伤，遂闭城。

敌以轮船袭泥城，副将岱昌等闻炮先遁，毁师船六十有奇，城外东西炮台并陷。英兵进踞后山四方炮台，奕山居贡院，炮火及焉，军发惶惧，乃遣广州知府余保纯出城见义律议息兵。义律索烟价千二百万，美商居间减其半，并许给香港全岛，英兵乃退。奕山偕隆文先退，屯距城六十里小金山，讳败为胜。疏言："义律穷蹙乞抚，照旧通商，改偿费为追交商欠，由粤海关及藩运两库给之。"宣宗览奏，以夷情恭顺，诏允所请。闽浙总督颜伯焘迭疏劾其欺罔，下广西巡抚梁章钜察奏，乃得其状，报闻。

英人既得赂于粤，移兵犯闽、浙。奕山等始收回大黄滘、猎德、虎门诸炮台，填塞省河。乡民于义律未退时，困之三元里，余保纯趋救始得出。于是团练日盛，中外皆言粤民可用，遂撤客军，改募练勇。迭诏趣奕山等规复香港，实不能战，惟屡疏陈飓风漂没敌船，毁香港蓬寮，藉修炮台未竣、造船未就为词，以塞严诏。

二十二年，英人撤义律回国，以濮鼎查代之，大举犯浙江、江苏。诏斥奕山陈奏欺诈，严议褫御前大臣、领侍卫内大臣、左都御史，仍留汉军都统任。及和议定，追论援粤失机，褫职治罪，论大辟，圈禁宗人府空室。

二十三年，释之，予二等侍卫，充和阗办事大臣，调伊犁参赞大臣，署将军。二十七年，调叶尔羌参赞大臣。安集延布鲁特、回匪入边，围喀什噶尔、英吉沙尔，命陕甘总督布彦泰督师讨之，奕山为副，连破贼于科科热依瓦特瓦及苏噶特布拉克，贼遁走。论功，封二等镇国将军，赐双眼花翎。寻授内阁学士，调伊犁参赞大臣，兼镶黄旗蒙古都统。二十九年，授伊犁将军。俄罗斯遣使至伊犁，请于伊犁、塔尔巴哈台、喀什噶尔三处通商，诏允其二，惟喀什噶尔不许。

咸丰元年，俄人复固请，仍拒之，偕参赞布彦泰与定伊塔通商章程十七条。祭酒胜保疏论当仿恰克图通商旧例，限以时日、人数。奕山议："抚驭外夷以信为主，既已议定章程，旋改必有藉口。"如所请行。累授内大臣、御前大臣，仍留将军任。

五年，调黑龙江将军。时俄罗斯以分界为名，欲得黑龙江、松花江左岸地，遣舰入精奇里江，建屋于霍尔托库、图勒密、布雅里。奕山疏陈阳抚阴防之策。七年，俄使请入京，拒不许。八年，俄人偕英、法、美三国合兵犯天津。三国窥商利，而俄志在边地，于是俄使木里裴岳幅至爱珲，坚请画界，奕山允自额尔古纳河口循黑龙江至松花江左岸之地尽属之俄。俄使知奕山昧于地势，驻兵黑龙江口，复索绥芬河、乌苏里江地，奕山慑其兵威，勿能抗，疏称未许，然已告俄使可比照海口等处办理。逾年，与俄使会于爱珲，定约三条，镌满、蒙、汉三体字为界碑。大理寺少卿殷兆镛劾奕山："以边地五千余里，藉称闲旷，不候谕旨，拱手授人，始既轻诺，继复受人所制，无能转圜。"诏切责之，革职留任，又以纵俄舰往黑龙江不之阻，褫御前大臣，召回京。

十一年，联军在京定约，因奕山前议，自乌苏里江口而南逾兴凯湖，至绥芬河、瑚布图河口，复沿珲春河达图们江口，以东尽与俄人，语具《邦交志》。寻复御前大臣，补正红旗蒙古都统。同治中，封一等镇国将军，授内大臣。以疾罢。光绪四年，卒，谥庄简，子载鹭，理藩院侍郎。载鹭子溥瀚，镶黄旗蒙古副都统，孙毓照，一等奉国将军。

隆文，伊尔根觉罗氏，满洲正红旗人。嘉庆十三年，进士，选庶吉士，散馆改刑部主事。坐事罢职，捐复，授翰林院侍讲。累擢内阁学士。道光中，充驻藏大臣。历吏部、户部侍郎，左都御史，刑部、兵部尚书，军机大臣。屡奉使出谳狱。偕奕山督师广东，意不相合，甫至，病，忧愤而卒，谥端毅。

宗室奕经，成亲王永瑆孙，贝勒绵懿子，承继循郡王允璋后，隶镶红旗。授乾清门侍卫，历奉宸院卿、内阁学士，兼副都统、护军统领。道光三年，坐失察惇亲王肩舆擅入神武中门，褫兼职，留内阁学士任。五年，迁兵部侍郎。十年，从征喀什噶尔回匪，事平回京，历吏部、户部侍郎。士四年，出为黑龙江将军。十六年，召授吏部尚书，兼步军统领。二十一年，协办大学士。

英兵犯浙江，定海、镇海及宁波府城相继陷，裕谦死事，命为扬威将军，督师往剿，都统哈哴阿、提督胡超为参赞，寻易侍郎文蔚、都统特依顺副之。陛辞日，宣宗御勤政殿，训示方略，特诏："申明军纪，凡失守各城逃将逃兵，军法从事。"发交内库花翎等件，有功者立予懋赏，勉以恩威并用，整饬戎行。大学士穆彰阿奏请释琦善出狱，随赴军前交效力，奕经却之。

奕经分属懿亲，素谨厚，为上所倚重，奉命专征，颇欲有为而不更事，尤昧兵略。奏调陕甘川黔兵一万人，请拔部饷一万两，仓猝未集驻苏州以待。上以诸将少可恃者，命凡文武员弁及士民商贾，有奇材异能一艺可取者，许诣军前投效，奕经渡江后，于营门设木匦，纳名即延见，且许密陈得失。于是献策者四百余人，投效者一百四十余人，而军中所辟僚佐，多阘冗京员，投效者亦无异才。惟宿迁举人臧纡青自负气节，为言议抚徒损国威，始决主战，又劝劾斩失律提督余步云以立威望，疏具而旋寝。以浙兵屡溃，不堪临阵，召募山东、河南、安徽义勇。

浙事日亟，巡抚刘韵珂促援，迟不至，遂相恶。久驻江苏，以供应之累，官吏亦厌之，饷需文报，皆延搁不时应。十二月，始抵杭州。前泗州知州张应云献策规复宁波，奕经、文蔚皆然之，遂令总理前敌营务。应云以重资购宁波府吏陆心兰为内应，日报机密多虚诳。奕经祷于西湖关庙，占得"虎头"之兆，乃议于二十二年正月寅日寅时进兵，屡遣谍，为敌所获，漏师期。初，英兵踞府城仅二三百人，舰泊定海。至是，濮鼎查率十九艘兵二千散泊江岸，早为之备矣。奕经由绍兴进曹娥江，而慈溪敌兵退。应云请急进，遂驻慈溪东关，文蔚分屯长溪岭，令提督段永福、余步云等趋宁波，游击刘天保趋镇海，副将朱贵驻大宝山，而应云率所募义勇驻骆驼桥，为诸军策应，约于正月晦数路并举。而敌已勾结应云部勇，势且生变，不及待期，先二日轻军分袭，不携枪炮。永福等入宁波南门，中地雷，天保甫及镇海城下，为敌炮击退，皆大败。越日，应云所具火攻船为敌所焚，军中自惊，奔大宝山。朱贵收集溃兵图进攻，敌兵已至，力战竟日，杀伤相当，无援，贵死之。文蔚闻败亦退，军资器械弃失殆尽。奕经留军绍兴，回驻杭州，自请严议，诏原之。英舰乘胜由海窥钱塘江，以尖山海口浅阻，寻退去。

郑鼎臣者，殉难总兵国鸿子，曾从父军。奕经予二十四万金，令募水勇规复定海，闻宁镇之败，遂巡海上。奕经督之严，乃报三月三日败敌于定海十六门洋面，毁船数十，歼毙数百。刘韵珂以为欺罔，奕经遣侍卫容照等出洋查勘，得焚毁船木及坏械回报，乃疏闻，赐奕经双眼花翎，鼎臣亦被奖。时宁波英兵忽退，留舰招宝山海口，改犯乍浦，陷之。奕经不能赴援，而以收复宁波奏，诏斥不先事预防，革职留任。既而英兵犯江南，陷镇江，逼江宁，命奕经赴援，寻命驻王江泾防御。奕经自宁波、慈逾之败，军心涣散，不能复用，益为刘韵珂所揶揄，议守议抚，一不使闻。及和议成，撤师，诏布奕经等劳师糜饷、误国殃民罪状，逮京论大辟。

圈禁逾年，与琦善同起用，予四等侍卫，充叶尔羌帮办大臣。为御史陈庆镛谕劾，仍褫职。未几，复予二等侍卫，充叶尔羌参赞大臣，调伊犁领队大臣。坐审鞫英吉沙尔领队大臣。斋清额诬捕良回狱不当，褫职发黑龙江。三十年，释回。

咸丰初，历伊犁、英吉沙尔领队大臣。二年，召授工部侍郎，调刑部，兼副都统。三年，命率密云驻防赴山东防粤匪，卒于徐州军次，依侍郎例赐恤。

文蔚，费莫氏，满洲正蓝旗人。嘉庆二年进士，授翰林院检讨。累擢至兵部、工部侍郎，兼副都统、内务府大臣。方其驻长溪岭也，闻诸路军皆不利，欲移营走。敌杂难民溃兵猝至，焚毁营帐，乃奔曹娥江，收集溃兵，退保绍兴。欲渡钱塘江，为刘韵珂所阻。寻以定海报捷，加头品顶戴。军事竣，追论失机，褫职下狱。逾年，释出，予三等侍卫，充古城领队大臣，复褫职。咸丰初，历喀喇沙尔、哈密办事大臣，驻藏大臣，奉天府尹。五年，卒。

特依顺，他塔喇氏，满洲正蓝旗人，福州驻防。累迁协领。道光十三年，从平台湾张丙乱，擢荆州副都统。历腾越镇总兵、密云副都统、宁夏将军。二十一年，予都统衔，授参赞大臣，督师广东。寻命改赴浙江办理军务，驻守省城，署杭州将军，遂实授。乍浦陷，坐革职留任。和议成，命筹办浙江善后事宜。二十六年，调乌里雅苏台将军。二十九年，卒。

　　余步云，四川广安人。嘉庆中，以乡勇从剿教匪，积功至游击。平瞻对叛番，累擢重庆镇总兵。道光七年，率本镇兵从杨遇春征回疆，破贼洋阿尔巴特庄，偕杨芳击贼于毗拉满，大败之，复和阗，追擒贼酋玉努斯，授乾清门侍卫，擢贵州提督。调湖南。十二年，率贵州兵剿江华瑶赵金龙，偕提督罗思举破贼巢，金龙就歼，加太子少保。复破粤瑶于永州蓝山，擒其渠。从尚书禧恩赴广东剿连州瑶，平之，赐双眼花翎，予一等轻车都尉世职。历四川、云南提督，复调贵州。十八年，擒仁怀匪首谢法真，加太子太保，调福建提督。

　　二十年，英兵初陷定海，率师赴援，调浙江提督。二十一年，定海既收还，步云驻防镇海。裕谦来督师，疏言步云不可恃，未及易而英兵猝至，复陷定海，三镇战殁。步云屯招宝山，总兵谢朝恩分守金鸡岭。步云号宿将，实巧猾无战志，又嗛裕谦刚愎，将战，裕谦召与盟神誓师，托疾不赴，且献缓敌之策。敌攻其前，而以小舟载兵由石洞攀援登后山，步云遽弃炮台走，敌乃据招宝山俯击镇海城，金鸡岭及县城先后陷。步云退宁波，敌掩至，坠马伤足，仅免，府城遂陷。步云疏闻，委败于裕谦。裕谦既殁，其妻赴京讼之。二十二年，从奕经规复宁波，不克，褫步云职，逮京，命军机大臣会刑部讯鞫。廷臣争劾其罪，亦有原之者，狱久延，尚书李振祜坚持，谳乃定。诏曰："余步云膺海疆重寄，未阵获一贼，身受一伤，首先退缩，以致将士效尤，奔溃弃城，直同儿戏。倘不置之法，不惟无以肃军政而振人心，且何以慰死节诸臣于地下？"步云遂弃市。

　　论曰：奕山、奕经，天潢贵胄，不谙军旅，先后弃师，如出一辙，事乃益不可为。其人皆庸阘不足责，当时廷臣不能预计，疆吏不能匡救，可谓国无人焉。奕山后复弃东北边地，其贻患尤深。余步云庸懦巧猾，卒膺显戮。宣宗于偾事诸人，皆从宽典，伸军律者，仅步云一人耳。

清史稿卷三七四
列传第一六一

姚文田　戴敦元　朱士彦
何凌汉　李振祐　宗室恩桂

姚文田，字秋农，浙江归安人。乾隆五十九年，高宗幸天津，召试第一，授内阁中书，充军机章京。嘉庆四年一甲一名进士，授修撰。迭典广东、福建乡试，督广东、河南学政，累迁祭酒。

十八年，入直南书房。会因林清之变，下诏求言，文田疏陈，略谓："尧、舜、三代之治，不越教养两端，为民正趋向之路，知有长上，自不干左道之诛，为民广衣食之源，各保身家，自不致有为恶之意。近日南方患赋重，北方患徭多，民困官贫，急宜省事。久督抚任期，则州县供亿少，宽州县例议，则人才保全多。"次年复上疏，言："上之于下，不患其不畏，而患其不爱。汉文吏治蒸蒸，不至于奸，爱故也。秦颛法律，衡石程书，一夫夜呼，乱者四起，畏故也。自数年来，开上控之端，刁民得逞其奸，大吏畏其京控，遇案亲提，讦诉不过一人，牵涉常至数十，农商废业，中道奔波，受胥吏折辱，甚至瘐死道毙。国家慎刑之意，亦曰有冤抑耳。从前马谭氏一案，至今未有正凶，无辜致毙者累累。是一冤未雪，而含冤者且数十人。承审官刑挞横加，以期得实，其中冤抑，正复不少。欲召天和，其可得乎？顷者林清构逆，搜捕四出，至今未已。小人意图见长，不能无殃及无辜，奉旨严禁，仰见皇上如天之仁。臣以为事愈多则扰愈众，莠民易逞机谋，良善惟增苦累。应令大小官吏，可结速结，无多株引，庶上下相爱,暴乱不作矣。至所谓养民之政,不外于农桑本务。大江以南,地不如中原之广,每岁漕储正供,为京畿所仰给者,无他,人力尽也。兖州以北,古称沃衍,河南一省,皆殷、周畿内,燕、赵之间,亦夙称富国。今则地成旷土,人尽惰民,安得不穷困而为盗贼?岁一歉收,先请缓征,稍甚则加蠲贷,又其甚则截漕发粟以赈之,所以耗国帑者何可算也。运河屡淤,东南漕未可恃,设有意外,何以处此?臣见历来保荐州县,必首列劝课农桑,其实尽属虚谈,从无过问。大吏奏报粮价,有市价至四五千钱,仅报二两内外,其于收成,又虚加分数,相习成风。但使董劝有方,行之一方而收利,自然争起相效,田野皆辟,水旱有资,岂必尽资官帑,善政乃行哉?民之犯刑,由于不率教,其不率教,由于衣食缺乏而廉耻不兴。其次第如此,故养民为首务也。"奏入,仁宗嘉纳之,特诏饬各省以劝课农桑为亟,速清讼狱,严惩诬枉。

二十年,擢兵部侍郎,历户部、礼部。二十二年,典会试。二十四年,督江苏学政。道光元年,江、浙督抚孙玉庭等议禁漕务浮收,明定八折,实许其加二。文田疏陈积弊曰:"乾隆三十年以前,并无所谓浮收。厥后生齿日繁,物价踊贵,官民交困,然犹止就斛面浮取而已。未几而有折扣之举,始每石不过折耗数升,继乃至五折、六折不等。小民终岁勤动,事畜不赡,势必与官抗。官即从而制之,所举以为民罪者三:曰抗粮,曰包完,曰掹交丑米。民间零星小户、贫苦之家,拖欠势所必有。若家有数十百亩之产,竟置官赋于不问,实事所绝无。今之所谓抗粮者,如业户应完若干石,多赍一二成以备折收,书吏等先以淋尖、踢脚、洒散多方糜耗,是已不敷,再以折扣计算,如准作七折,便须再加三四成,业户必至争执。间有原米运回,州县即指为抗欠,此其由也。包完者,寡弱之户,转交有力者代为输纳。然官吏果甚公正,何庸托人?可不烦言而自破。民间运米进仓,男妇老幼进城守待,阴雨湿露,犹百计保护,恐米色变伤。谓其特以丑米掹交,殆非人情。惟年岁不齐,米色不能画一,亦间有之。然官吏非执此三者,不能相制,生监暂革,齐民拘禁,俟其补交,然后请释。不知此皆良民，非莠民也。此小民不能上达之实情也。然州县亦有不能不尔者，自开仓讫兑运，修整仓厫芦席、竹木、绳索、油烛百需，幕丁胥役修饭工食，加以运丁需索津贴滋甚，至其平日廉俸公项不能敷用。无论大小公事，一到即须出钱料理。即如办一徒罪之犯。自初详至结案，约须百数十金。案愈巨则费愈多。递解人犯，运送粮鞘，事事皆需费用。若不取之于民，谨厚者奉身而退，贪婪者非向词讼生发不可，吏治更不可问。彼思他弊获咎愈重，不若浮收为上下咸知，故甘受民怨而不惜。其藉以自肥者固多，而迫于不获已者盖亦不少。言事者动称'不肖州县'，州县亦人耳，何至一行作吏，便行同苟贱？此又州县不能上达之实情也。州县受掊克之名，而运丁阴受其益，然亦有不能不然者。昔时运道深通，运丁或藉来往携货售卖以赡用，后因黄河屡经倒灌，运道受害，虑其船重难行，严禁多带货物。又从前回空带盐，不甚搜查，近因盐商力绌，未免算及琐屑，而各丁出息遂尽。加以运道日浅，反多添夫拨浅之费。此费不出之州县，更无所出。此又运丁不能上达之实情也。数年前因津贴日增，于是定例只准给三百两。运丁实不济用，则重船不能开，州县必获咎戾，不免私自增给，是所谓三百两者虚名耳。顷又以浮收过其，严禁收漕不得过八折。州县入不敷出，则强者不敢与较，弱者仍肆朘削，是所谓八折者亦虚名耳。然民间执词抗官，官必设法箝制，而事端因以滋生，皆出于民心之不服。若将此不靖之民尽法惩处，则既困浮收，复陷法网，民心恐愈不平。若一味姑容隐忍，则小民开犯上之风，将致不必收漕，而亦目无官长。其于纪纲法度，所关实为匪细。"疏入，下部议。时在廷诸臣多以为言，文田持议切中时弊，最得其平。诏禁浮收，裁革运丁陋规，八折之议遂寝。

四年，擢左都御史，七年，迁礼部尚书。寻卒，依尚书例赐恤，谥文僖。

文田持己方严，数督学政，革除陋例，斥伪体，拔真才，典试号得士。论学尊宋儒，所著书则宗汉学。博综群籍，兼谙天文占验。林清之变未起，觇入紫微垣。道光初，觇见南斗下，主外夷兵事，文田皆先事言之。

戴敦元，字金溪，浙江开化人。幼有异禀，过外家，一月尽读其室中书。十岁举神童，学政彭元瑞试以文，如老宿，面问经义，答如流。叹曰："子异日必为国器！"年十五，举乡试。乾隆五十五年，成进士，迁庶吉士，散馆改礼部主事，铨授刑部主事，典山西乡试。迁郎中。嘉庆二十四年，出为广东高廉道。道光元年，擢江西按察使。

敦元初外任，以情形非素习，苏州多粤商，过访风土利弊，久之始去，尽得要领。至江西，无幕客，延属吏谙刑名者以助，数月清积牍四千余事。二年，迁山西布政使，单车之任，舆夫馆人莫知为达官。藩署有陋规曰厘头银，上下取给，敦元革之，曰："官有养廉，仆御官所豢，何赢余之有？"调湖南，护理巡抚。三年，召授刑部侍郎，自此历十年，未迁他部，专治刑狱，剖析律意，于条例有罅漏，及因时制宜者，数奏请更定。每日部事毕归，坐一室，谢绝宾客。十二年，擢刑部尚书，典会试。十四年，卒，优诏赐恤，称其清介自持，克尽职守，赠太子太保，谥简恪。

敦元博闻强识，目近视，观书与面相磨，过辄不忘。每至一官，积牍览一过，他日吏偶误，辄摘正之，无敢欺者。奏对有所谘询，援引律例，诵故牍一字无舛误，宣宗深重之。至老，或问僻事，指某书某卷，百不一爽。尝曰："书籍浩如烟海，人生岂能尽阅？天下惟此义理，古今人所谈，往往雷同。当世以为独得者，大抵昔人唾余。"罕自为文，仅传诗数卷。喜天文、律算，讨论有年，亦未自立一说。卒之日，笥无余衣，囷无余粟，庀其赗不及百金，廉洁盖性成云。

朱士彦，字修承，江苏宝应人。父彬，绩学通经，见《儒林传》。士彦承家学。成嘉庆七年一甲三名进士，授编修。纂《国史河渠志》，谙习河事。大考擢赞善，督湖北学政。累迁侍读学士，入直上书房。历少詹事、内阁学士。入直上书房。历少詹事、内阁学士，道光二年，擢兵部侍郎。四年，以南河高堰坏，疏陈河工事宜，论："高堰石工宜切实估修,堰内二堤宜培补,黄河盛涨,宜两岸分泄,山盱五坝宜相机开放,黄河下游无堤之处宜接筑。"下勘河大臣文孚筹议酌行。寻督浙江学政。奏禁诸生包漕闹漕,以端士习。御史钱仪吉劾士彦任性,诏嘉士彦能任劳怨,惟斥其父彬就养阅卷,及命题割裂,薄谴之。九年,典会试,督安徽学政,寻擢左都御史,召还京。

十一年,迁工部尚书。是秋,江苏大水,河、淮、湖同时涨溢,命偕尚书穆彰阿往勘。穆彰阿先回京,遂偕左都御史白镕察视江苏、安徽水灾赈务。疏言:"扬河厅掣卸石工,及纤堤耳闸,应令工员赔修,又以淮、扬地方官多调署,情形未熟,请饬江宁布政使林则徐、常镇通海道张岳崧总司江北赈务。"从之。寻奏:"续查下河积潦之区被灾尤重,浮开户口,为办赈积弊。应令委员查明后,即于本乡榜示,放赈时,州县官据委员原查总发一榜,总查抽查,凭以核办。"又奏:"山盱厅属添建滚水石坝,本年启放过水现已无从查验。工员面称启放时石底间有二冲裂,坝下灰土亦损,请俟水落责修完固。堰、盱两厅淮、湖石工掣卸二百余丈,因限未满,应令赔修。其石后砖工灰工间有残缺,应令补筑。又盱堰大堤加帮土工间有蛰低浮松之处,应培补,责成河兵种柳护堤。其已估未办之高堰头、二两堡,未估之智、信两坝,应即兴办。此项与黄河险要不同,向来保固一年。请嗣后各厅土堤及运河堤岸,均改保固三年,运河埽工于经历一年后,再加保固二年,验明坚整,始准埽汛修防。""安徽无为州江坝及铜陵县坝工程紧要,均应借款兴修。"并下所司议行。又劾盐城、宿松、青阳等县报灾迟延遗漏,请惩处,捐赈绅民应给议叙,禁胥吏婪索挑剔,并从之。

十二年,事竣回京。南河于家湾奸民陈端等盗挖官堤,掣动河流,复偕穆彰阿往勘。疏言:"九月初旬,清口出水二尺有余,高堰长水二丈一尺,势至危险。其时吴城七堡未开,洪湖吃重。此时既开放,湖水分减。现交冬令,一月后即难兴工,湖多积水,风烈堪虞,请加紧赶办。"寻命复偕侍郎敬徵往勘。十三年,奏于家湾正坝虽合龙,请饬加镶进压,以免出险。覆讯挖堤诸犯,治如律。又偕敬徵覆勘河、湖各工,请分别缓急,以次办理。父忧归。

十六年,服阕,署吏部尚书,偕尚书耆英赴广东、江西鞫狱。十七年,授兵部尚书。查勘浙江海塘,遂赴南河验料垛工程,盘查仓库。以库存与卷册不符,劾河库道李湘茝,褫职。又赴安徽、河南按事,疏陈常平仓粜买章程,"请各省囚粮递粮作正开销,毋动仓谷,平粜必市价在八钱以上始准出粜,采买须俟年丰谷贱,且必在出粜二三年后,以纾民力而祛宿弊。"如议行。十八年,兼管顺天府尹事,典会试。调吏部尚书。士彦以综核为宣宗所知,奉使按事皆称旨,寻卒,诏嘉其性情直爽,办事公正,赠太子太保,赐其四子举人、副榜贡生有差,谥文定。

何凌汉,字仙槎,湖南道州人。拔贡,考授吏部七品小京官。嘉庆十年一甲三名进士,授编修。大考二等,擢司业。累迁右庶子。典广东、福建乡试,留福建学政。令诸生自注诵习何经,据以考校,所取拔贡多朴学,道光六年,授顺天府尹。京畿狱讼繁多,自立簿籍,每月按簿催结,无留狱。迁大理寺卿,仍署府尹。在任凡五年,历左副都御史、工部侍郎。典浙江乡试,留学政。命偕总督程祖洛按讯山阴、会稽绅幕书役勾结舞弊,鞫实,请褫在籍按察使李沄职,余犯军流有差。任未满,调吏部侍郎,召回京,兼管顺天府尹事。调户部,复调吏部,仍兼署户部侍郎。

御史那斯洪阿条陈地方官有钱粮处分,不准升调,及变通杂税,下部议。凌汉兼吏、户两部,驳之,谓:"理烦治剧,每难其人,若格以因公处分,必至以中平无过者迁就升调。且吏治与催科本非两事,未有因循良而帑藏空虚者,亦未有因贪浊而仓库充盈者,是在督抚为缺择人,不为人择缺,正不必徒事更张,转滋窒碍。"又谓:"地方各税,有落地杂税,及房屋典当等税,已极周密,至京师九门外有铺税,天津、新疆沿濠铺面有房租,因系官地、官房也。今欲尽天下之府、厅、州、县仿照定税,则布帛菽粟民生日用所需,市侩将加价而取诸民以输官,水脚火耗,官又将取之于民,且闭歇无常,税额难定,有敛怨之名,无裕国之实。"前议遂寝。

十四年,擢左都御史,迁工部尚书,仍兼管府尹如故。累署吏部尚书。十七年,吏部因京察一等人员有先由御史改官者议驳。凌汉以不胜御史,非不胜外任者比,如此苛绳,有妨言路。御史改部之员,例准截取。至京察虽无明文,从前有御史降调保送员外郎者,援以请旨。因面奏现任大员花杰、吴荣光,皆曾由御史改降,遂奉俞允。

十九年,调户部尚书。四川总督宝兴请按粮津贴防边经费,议驳之,略谓:"川省地丁额征六十六万,田赋之轻,甲于天下。现议按粮一两加津贴二两,百亩之家不过出银三两,即得百万两,小民未必即苦输将。然较原课几增两倍,非藏富于民之义,军需藉资民力,尤不可率以为常。请于各省秋拨项下借拨百万两,以三十万为初设边防经费,余或发商,或置田,所获息以四万为常年经费,二万提还借款,于防边恤民两有裨益。"诏允行。是年,典顺天乡试。子强基亦典试福建,父子同持文柄,时人荣之。二十年,卒,赠太子太保,谥文安。绍基官编修,见《文苑传》。

李振祐,字锡名,安徽太湖人,嘉庆六年进士,授内阁中书。典广西、云南乡试,迁宗人府主事,调兵部,迁员外郎,典陕甘乡试。改御史、给事中。巡视淮安漕务,劾户部郎中钱学彬系不胜外任之员,违例截取知府,诏谴吏、户二部堂官,予振祐议叙,又劾都察院京察给事中色成额先经列入六法,自赴公堂辩论,干求改列三等,反覆视若儿戏,都御史被严议,色成额仍列有疾。

累迁内阁侍读学士,督山东学政。应诏密陈山东积弊四事,略曰:"吏事丛脞,莫甚于官民不相安也。词讼之繁,始由于官吏不办,今又变而不敢办,欲结一案,辄虑翻控,欲用一刑,辄虑反噬。鞫案之时,有倚老逞刁者,有恃妇女肆泼者,有当堂愤起者,有抗不画供者,总由官吏恩信不结于平时,明决不著于临事,以畏葸之才识,治刁悍之民风,殆于凿枘不相入矣。案牍壅滞,半由外府不办事也。各府州案件,动辄提省,委交首府,其中有不必提而轻提者,亦有各府州畏难而禀请提省者。济南府统辖十六州县,自治不暇,而舍己芸人,势必两废,各府州畏难之事,辄以一禀提省卸责,转得遂其取巧偷安之计。且疑难案件,本地闻见较真,远提至省,则茫无头绪,必致讼师盘踞省城,遇事挑唆,一事株连数十人,一案压搁一二载,是欲办案而转以延案,欲弭讼而适以滋讼矣。缉捕无策,则盗贼充斥也。东省盗贼,结党剽掠,处处有之。护赃行强,虽小窃而情同大盗,分肥黩法,虽士类亦甘作窝家。劫去马牛,定价勒赎,明目张胆,毫不畏官。总缘捕役悉与勾连,平日分赃,临时送信。甚至失事者以诉恳官捕为累,以备价私赎为便。州县既吝养捕之资,又不讲练捕之法,既无获盗之责,又不严通盗之诛。兼以自顾处分,动思讳饰,化大为小,咸所不免。缉捕之弊如此。钱粮不清,则亏空难杜也。东省州县正杂钱粮,新旧挪掩,习为故常,其弊由于交代不清,自三四任以至十余任,缪葛不清者,比比皆是,官亏而外,更有书亏。查书亏情弊,或串通幕丁,朦混本官,私雕假印,伪造串票。有满其私囊而远飏者,有挟制本官而自供不讳者;州县回护,处分隐忍代认,而奸书遂益以侵蚀为得计。钱粮之弊如此。"疏入,上嘉纳之。又劾泰安知府延璐、东昌知府熊方受请,饬交抚臣查察严参。又劾东昌知府王果陵辱生员,褫王果职。又察出假印试卷、勾结舞弊之人,奏请惩办。

道光二年,迁太仆寺少卿。父忧去官,服阕,补顺天府丞。历通政司副使、光禄寺卿、太常寺卿、宗人府丞。十五年,署顺天府尹。累迁内阁学士。十八年,授工部侍郎,调吏部,兼署仓场侍郎。二十一年,擢刑部尚书,浙江提督余步云海疆偾事,逮问治罪。廷臣犹有为议轻休,许之。三十年,卒,年七十四,谥庄肃。

宗室恩桂,字小山,隶镶蓝旗。道光二年进士,选庶吉士,授编修。九迁至内阁学士,兼副都统。士五年,授盛京工部侍郎,寻召为兵部侍郎,调吏部。因旷文职六班,降内阁学士。历工部、吏部侍郎,管理国子监事,兼护军统领、左右翼总兵。十九年,典顺天乡试,偕大理寺卿何汝霖往浙江按学政李国杞被劾事,遂查勘南河、东河料垛,奏劾虚缺浮用者,议谴有差。二十年,充内务府大臣,管理上驷院。议增圆明园丁四百名,命偕尚书赛尚阿督率训练。

二十一年,授理藩院尚书,兼署左都御史。劾太常寺丞丰伸及查仓御史广祜不职,并罢之。署步军统领。奏言:“京城巡捕五营枪兵一千名,不足以资捍卫,增设一千。裁撤藤牌弓箭等兵,改为枪兵,不敷者,于各营兵丁内拣选足额。轮派二百名打靶,操演阵式。”诏议行。二十二年,调礼部尚书,又调吏部,实授步军统领。上御阅武楼,亲阅圆明园兵丁枪操,步式整齐,施放有准,嘉恩桂督率有方,赐花翎。时议节冗费,恩桂先已奏裁上驷院马六百余匹。又奏言南苑六圈,请裁其二,并裁各圈及京圈马二百余匹。上驷院、司鞍、司辔、蒙古医生旧支马乾银,均减半给,如议行。以兼摄事繁,罢管内务府,二十五年,复之。

恩桂在吏部,严杜冒滥。兼步军统领衙门最久,先后逾十年,综核整顿,厘定章程,训练兵卒,皆有实效,宣宗甚倚之。二十六年,京察,特予议叙。又幸南苑,见草木牲畜蕃盛,嘉恩桂经理得宜,加一秩。迭奉命治仓胥舞弊,及户部捐纳房书吏贿充司员、收受陋规诸狱,并持正不挠法。二十八年,卒于官,上深悼惜,称其任劳任怨,殚竭血诚,赠太保,赐金治丧,谥文肃。

论曰:姚文田建言切中时弊,戴敦元清介干事,其风概越流俗矣。朱士彦之治河,何凌汉之掌计,李振祜之执法,并号称职。恩桂奏绩金吾,肃清辇毂,一时称矫矫焉。

清史稿卷三七五
列传第一六二

白镕 孙桓　史致俨　那清安
升寅　李宗昉　姚元之
何汝霖　季芝昌

　　白镕,字小山,顺天通州人。嘉庆四年进士,选庶吉士,授编修,典福建乡试。十八年,大考二等,擢赞善。督安徽学政,诏密询地方利弊,疏言:"安徽钱粮,惟凤阳、泗州遭湖、河之害,积逋较巨。遇丰稔之年,循例带征旧额。在小民以一年而输数所之赋,虽乐岁不免拮据,而官吏惧谴,规避多方,积重难返。与其存征之名,致小民日受追呼,国计依然无补,何如核征之实,使官吏从容措理,旧额尚可渐清。请嗣后二属钱粮,每年只带征一年,倘遇歉收,再行递缓,民力渐纾,催科者自顾考成,行之必有效。"诏允行。

　　青阳有孝子曰徐守仁,幼孤,事母孝。母没,庐墓三年,镕造庐赠赙,题请旌表。访求明臣左光斗遗裔,取列县庠。按试所至,集士人讲学,以正人心厚风俗为本。累迁少詹事。道光元年,督广东学政。历詹事、内阁学士。七年,擢工部侍郎,调吏部。九年,偕尚书松筠赴直隶按外委白勤被诬冤毙狱,护理总督屠之申以下降黜有差。督江苏学政。寻偕侍郎宝兴勘视南河垛料,举实以闻。十一年,擢左都御史,召还京,未至,命查勘江南灾赈。时尚书穆彰阿、朱士彦亦奉命勘湖、河泛溢状,穆彰阿先回京,镕遂偕士彦履勘沿河闸坝工程,与总督陶澍定议以工代赈。赴安徽,周历太平、宁国、池州、安庆、庐州各郡,先后疏劾饰灾侵赈诸弊。次年,回京,署翰林院掌院学士,典顺天乡试。十三年,擢工部尚书,典武会试。故事,武闱双好不足额,始取单好。是科双好不尽取中,坐降大理寺卿。十九年,乞病归,卒于家,年七十四。

镕事母孝,教子弟严。宣宗尝嘉其家法之善,以勉朝臣云。

孙桓,字建侯。同治二年进士,授吏部主事。累迁郎中。掌选,清严慎密,吏不能欺,为时所称。光绪中,荐擢兵部侍郎,综核一如为司官时。十七年,因病乞休,寻卒。

史致俨,字容庄,江苏江都人。家酷贫。甫冠,为诸生,学政谢墉器其才,给膏火,居尊经阁读书。荐预召试,未与选。嘉庆四年,成进士,选庶吉士,授编修。督四川学政。累迁右庶子。二十一年,督河南学政。自滑县匪平,犹有伏莽,密诏侦察。疏陈彰、卫二郡民间习邪教犹众,州县编查保甲,有名无实,撰《敦俗篇》,刊布以化导之。商丘廪生陈忠锦以不滥保被殴,知府、经历受赇,反加斥责,忿而自经。疏劾,遣罪有差。

道光元年,典湖北乡试。累迁内阁学士。三年,擢刑部侍郎,调礼部。五年,督福建学政。奏分台湾举人中额,增所属四县学额。漳、泉诸郡习械斗,诸生与者,屏不与试,悍风稍息。九年,偕侍郎钟昌赴山西鞫狱,平定知州故出人罪,鞫实,论凶犯如律,褫知州恒杰职。调刑部,历左都御史,迁礼部尚书。两典顺天乡试。调工部,又调刑部。勤于其职,竟日坐堂上阅案牍,研析论难,视司员如弟子。任刑部凡四年,京察以刑名详慎,被议叙。十八年,乞解职。寻卒,年七十九,赠太子太保,祀乡贤及名宦祠。

那清安,字竹汀,叶赫纳喇氏,满洲正白旗人。嘉庆十年进士,授户部主事,迁翰林院侍讲。累迁内阁学士。二十四年,授礼部侍郎,历刑部、工部。道光元年,命赴直隶谳狱,擢左都御史,管光禄寺事,兼都统。寻迁兵部尚书,调刑部。四年,出为热河都统,偕左都御史松筠等赴土默特谳狱,事竣,疏言:"蒙古恶习,常有移尸讹诈,为害滋甚。《蒙古律例》,凡军流徒犯,罪止折枷,情重法轻。请嗣后遇有假捏人命诈财者,所拟军流徒罪即行实发,不准折枷,以惩刁恶。"下所司议行。六年,召授左都御史,逾年,复任热河都统,召对,询知其母年老,命仍还左都御史任。十一年,复授兵部尚书,典顺天乡试及会试。十四年,以疾乞解职,允之。寻卒,赠太子太保,谥恭勤。

那清安工为馆体应制诗,时皆诵习。因与穆彰阿同榜成进士,晚乃受宣宗知,迭秉文衡。既卒,会兵部以庆廉送武会试有残疾,为监试御史所劾。先是那清安为监射大臣,曾以庆廉残疾扣除,上追念其持正,予其子全庆加二级。全庆,光绪初官大学士,自有传。

升寅,字宾旭,马佳氏,满洲镶黄旗人,拔贡,考授礼部七品小京官。举嘉庆五年乡试。累迁员外郎,改御史。疏言学校为人才根本,请严课程,务实用,戒奢靡,又疏陈防禁考试八旗生怀挟冒替诸弊,从之。改右庶子,累迁副都御史。二十一年,授盛京礼部侍郎,署盛京将军。调刑部,召为工部侍郎,又调刑部。六年,出为热河都统。以蒙古各旗招内地游民开采煤矿,往往生事械斗,疏请谕禁,从之。

八年,命赴甘肃偕总督鄂山按宁夏将军庆山、副都统噶普唐阿互劾事,罢庆山,即以升寅代之。历成都、绥远城将军。命鞫鄂尔多斯京控狱,奏言:"蒙古京控日繁,请自后各部落封禁地树立界牌,以杜私垦,蒙古阿勒巴图禁止馈赠,以息争端,扎萨克王、贝勒等毋用内地书吏,以免教唆,各旗协理台吉,会同盟长选举,以昭慎重,盟长会盟需用乌拉,应明定限制,以免浮索,庶积弊清而狱讼息。"十一年,召授左都御史,兼都统。十二年,署工部尚书。京畿旱,疏请发米,设十厂煮粥以济灾民,从之。十三年,偕侍郎鄂顺安按西安将军徐锟贪纵,得实,议褫职。十四年,命阅兵山东、河南,就鞫桐柏知县宁飞滨故出人罪,治如律。命赴广东、湖南按事,授礼部尚书,未至,卒于途,优诏赐恤,称其老成清介,赠太子太保,谥勤直。

子宝琳,直隶保定知府,浚定州污泽,有治绩,宝珣,同治中,官兵部侍郎、山海关副都统。孙绍祺,咸丰六年进士,由编修官至理藩院尚书。绍诚,光绪中,山西布政使,从治郑州河工,终驻藏大臣。绍英,宣统初,度支部侍郎,内务府大臣。

李宗昉,安芝龄,江苏山阳人。嘉庆七年一甲二名进士,授编修,典陕甘乡试。大考二等,擢赞善。督贵州学政,累迁侍读学士,督浙江学政。历詹事、内阁学士。道光元年,授礼部侍郎。次年,典会试,又典江西乡试、留学政,值大水,岁饥,与巡抚筹赈务,多所全活。调户部侍郎。初,宗昉督学贵州时,巡抚议丈全省田为增赋计,民情惶骇,会檄学官征集图书,得御史包承祚奏疏,乾隆初,学政邹一桂请丈田,而承祚奏驳之,极言黔中山多平地少,民每虚占不毛之地,胥吏高下其手,以丈高下不可准之田,赋未必增,民受其害。部议停止,宗昉持以示巡抚曰:“此事学臣尝奏之,被驳。今必解其所驳乃可。”巡兵亦悟,事得寝。至是,官户部。署巡抚麟庆因复奏上其事,部援故事详覆之,乃定议不行。历工部、吏部侍郎、兼管国子监、顺天府尹事。自七年至十年,典顺天乡试二,会试一,浙江乡试一,得十称盛。擢左都御史、礼部尚书。二十四年,以疾乞休。二十六年,卒,依例赐恤。

姚元之,字伯昂,安徽桐城人。嘉庆十年进士,选庶吉士,授编修,典陕甘乡试。入直南书房。给事中花杰劾戴衢亨、英和援引,诏元之文字本佳,斥杰诋讦,寻亦罢元之入直。十七年,大考一等,擢侍讲。复以武英殿刊刻《圣训》有误,仍降编修。十九年,督河南学政,疏禁坊刻类典等书以杜剿袭,又密陈河南与安徽、湖北交界地多捻匪,陈州、汝宁盐运迥殊,土匪把持;并嘉纳之。累迁内阁学士。

道光十三年,授工部侍郎。疏陈台湾营务积弊,窝倡聚赌,械斗杀人，操演雇人替代，诏下闽督严察整顿。调户部，又调刑部。迭典顺天、江西乡试。督浙江学政，未满，十八年，擢左都御史，召回京。寻以南昌知府张寅为江西巡抚裕泰劾罢，元之为寅疏辩，胪陈平绩，请查办，诏斥冒昧，降二级调用。二十一年，海防方亟，疏陈广东形势，豫筹战守，下靖逆军奕山等采行。授内阁学士。二十三年，京察以年衰休致。

元之学于族祖甫，文章尔雅，书画并工，习于掌故，馆阁推为祭酒。爱士好事，穆彰阿素重之。后以论洋务不合，乃被黜。咸丰二年，卒。

何汝霖，字雨人，江苏江宁人，拔贡，考授工部七品小京官。中式道光五年举人，充军机章京，累迁郎中。历内阁侍读学士、大理寺少卿。偕侍郎恩桂按事浙江，查勘南河料垛。命在军机大臣上行走，历宗人府丞、副都御史。二十二年，授兵部侍郎，调户部。偕大学士敬征勘东河工程。二十五年，擢兵部尚书。值太后七旬万寿，汝霖母丁年九十，五世同堂，赐御书扁额，寻以母忧归。江苏大水，命在籍襄治赈务。先是总督陶澍于江宁立丰备仓以备荒，县令亏挪谷价，大吏许以他款抵。汝霖曰："仓谷以备凶。今荒象如此，汝霖不敢欺朝廷，当各为奏上。"乃以给赈用。服阕，命以一品顶戴署礼部侍郎，寻署户部尚书，仍直军机处，授礼部尚书。

汝霖久襄枢务资劳已深，尚书陈孚恩由章京跻大臣，骎用事厌汝霖居其前。汝霖年逾七十，一日在直，触火炉几仆。孚恩笑曰："人当避炉，炉岂能避人？"汝霖知其讽己，咸丰二年，以足疾乞罢直，许之。未几，卒，谥恪慎，祀乡贤。子兆瀛，浙江盐运使。

季芝昌，字仙九，江苏江阴人。父麟，直隶巨鹿知县，居官慈惠。嘉庆十八年，捕邪教，焚其籍，免株连数千人。坐捕匪不力，戍伊犁。

芝昌年逾四十，成道光十二年一甲三名进士，授编修，散馆第一。未几，大考第三，擢侍读，督山东学政。十九年，大考复第三，擢少詹事,晋詹事,典江西乡试,督浙江学政。母忧归,服阕,擢内阁学士。二十三年,授礼部侍郎,督安徽学政,调吏部,又调仓场。二十八年,命偕定郡王载铨筹办长芦盐务,清查天津仓库,疏陈:"芦盐积累,各商惮于承运,悬岸至四十余处。请将河南二十四州县仿淮南例改票盐,先课后引。直隶二十四州县限半年招商招贩,无商贩即责成州县领运。或由盐政遴员官运。支销浮费及官役陋规,永远裁汰。每年应完帑利,摊及通纲额引,与正课一律征收。其协济欠充公等项加价名目,概行革除。并于各引盐加斤免课,每斤准其减价敌私。"诏依议行。

二十九年,偕大学士耆英赴浙江阅兵,并清查仓库,筹办盐务。途经东河、南河,查询节浮费、裁冗员事宜,奏减东河正款二十万两,裁泉河通判、归河通判,河每年用款以三百万两为率,减省五六十万两,并扬运通判于江防厅,改为江运同知,裁丹阳县丞、灵璧主簿、吕梁洪巡检,从之。耆英病留清江浦,芝昌独赴浙江,疏陈变通盐务章程七事:杭、嘉、绍三所引盐,分别加斤,止令完交正课,松所引盐,酌裁科则,虚悬口岸,选商接办,并筹款收盐,缉私责成官商,由运司审补,缉获私盐,分别充赏,及补课作正配销,禁革引地陋规,补裁巡验浮费。寻查州县仓库,统计实亏之数,多至三百九十余万,请将亏数最多之员,革职、勒追,不足,则由原任上司按成分赔,或由本省各官分成提补,其有欠在胥吏者,尤严补追,毋任幸免:并从之。

授山西巡抚,未一月,召署吏部侍郎,命在军机大臣上行走。寻授户部侍郎。三十年,擢左都御史。咸丰元年,出为闽浙总督。艇匪在浙洋劫掠山东兵船,被剿遁闽洋,遣水师截击,贼众畏罪投诚,分别安置。二年,兼署福州将军。疏请停罢捐纳举人、附生之例,又奏禁盐商代销官运,以杜取巧:并从之。寻以疾乞休。

芝昌以文字受宣宗特达之知,尝曰:"汝为文,行所无事,譬之于射,五矢无一失。"及查办长芦、两浙盐务称旨,遂骤进膺枢务。甫数月,宣宗崩,文宗犹欲用之,畀以外任。未一岁,谢职归。久之,卒于家,未予恤典。光绪初,署浙闽总督文煜奏陈政绩,追谥文敏。子念诒,道光三十年进士,官编修。孙邦桢,同治十二年进士,官至福建布政使。

论曰:承平,士大夫平进而致列卿,或以恪谨称,或以文学显,固不能尽有所建树;或余泽延世,子孙复继簪缨,若白镕、那清安、升寅诸人是也。季芝昌晚遭殊遇,已值宣宗倦勤之年,暂任兼圻,奉身而退,其见几知止者耶?

清史稿卷三七六
列传第一六三

辛从益　　张鳞　　顾皋
沈维锈　　朱为弼　　程恩泽
吴杰

辛从益，字谦受，江西万载人。乾隆五十五年进士，选庶吉士，授编修。迁御史，以母老陈请终养。嘉庆十七年，起复补原官。会京畿多雨，诏发廪平粜，从益在事，厘剔弊端，实惠及民，时称之。疏请饬督抚详慎甄别以澄吏治，略曰："外省甄别，与京员不同。京师耳目甚密，稍有徇私，难逃圣明洞鉴。外省督抚权势既尊，操纵甚易，岂知州县有当切责之处，亦有当体恤之处，偏私则是非倒置，刻核则下情不通。臣以为大吏必持廉法之大纲，略趋承之末节。务干事之勤能，责安民之实效，揣时势之难易，量才分之优绌，而又常存敬畏之心，然后能爱惜人才，澄清吏治。"迁给事中。

十八年，滑县匪平，军中多携养难民子女，从益疏请遣送归家，如议行，并遣领兵大员。又面奏："正教昌明，邪说自息，小民不识大义，故易为邪教煽惑。而选人得官，不问风俗淳浇，只计缺分肥瘠，何以教民？欲厚风俗，宜先责成牧令。"历光禄寺少卿、通政司参议、内阁侍读学士、光禄寺卿、太常寺卿。

道光初，山西学政陈官俊镌级回京，仍直上书房，从益疏劾曰："上书房为教胄谕德之地，视学政为尤重，宜慎选德行敦厚、器识宏达之儒臣，使皇子有所观法，薰陶养其德性。陈官俊在学政任，不能远色避嫌，惩忿窒欲，性行之驳，器识之褊，不宜仍居授读之任。"

二年，迁内阁学士。宣宗温谕曰："尔甚朴忠，无所希冀，亦无所揣摩。有所闻见，直言无隐，朕无忌讳也。"命偕尚书文孚赴陕西谳狱。渭南富民柳全璧杀其佣朱锡林，贿知县徐润得免死，巡抚朱勋庇之，狱久不决。从益等鞫得其状，谕如法。覆命，陈陕西马政之害，地方官春秋计里买马，实则民不得直，而官不需马，第指马索赇以为民病，请禁革。三年，擢礼部侍郎，督江苏学政。于是巡抚陶澍奏禁绅衿包漕，横索漕规，下学政稽查惩治。从益上疏曰："江苏漕额本重，岂堪浮收无节？州县自应调剂，间阎尤宜体恤。久悬定额，尚肆苛求，明语浮收，必滋流弊。抚臣之意，谓控漕之人即包漕之人，臣以为未必尽然。官之收漕，必用吏役，吏役贪狠，必图肥己。官既浮收，吏又朘削，不特小民受害，即循谨生监，亦被其累，激而上控，此中固有不得已者。抚臣又称生监需索漕规，地方官费无所出，乃取偿于纯谨小民。臣伏思吏役贪得无厌，纵生监悉循循守法，而小民追呼征比之烦，亦断不能为之少减。吏役倚官府为城社，倘违例浮收，无人控诉，将何术以治之？夫劣衿律所不宥，苛政亦法所必裁。矫枉势必过正，创法宜防流弊。管见所及，不敢不以上闻。"

从益廉静坦白，遇非理必争，不为权要诎。八年，卒于学政任所。著有《奏疏》、《诗文内外集》、《公孙龙子注》。

张鳞，字小轩，浙江长兴人。嘉庆四年进士，选庶吉士。习国书，授检讨。仁宗临幸翰林院，鳞献诗册，恩赉。十七年，大考二等，迁赞善。历侍讲、庶子。二十年，选翰林官入直懋勤殿，纂辑《秘殿珠林》、《石渠宝笈》，鳞与焉。历侍讲学士，国子监祭酒。二十四年，典江西乡试。寻以斋戒未至斋所，降授太常寺少卿。迁通政使司副使、太仆寺卿。

道光元年，命偕太常寺少卿明安泰赴杨村挑验剥船，遂赴东光、卢龙两县讯鞫京控狱，各论如律，并劾承审官滥刑，巡道徇庇，褫黜有差。三年,转太常寺卿,督安徽学政,擢内阁学士。七年,以继母忧归,服阕,补原官。擢兵部侍郎,督福建学政。十三年,补户部,又调吏部。福建县丞秦师韩控讦总督程祖洛,侍郎赵盛奎偕鳞同案鞫,白其诬,师韩遣戍。

鳞清廉俭素,杜绝干谒。两为学政,却陋规,拔寒畯,闽人尤颂之。衡文力矫通榜之习。十五年,典会试,以校阅劳致疾,出闱,卒。福建士民请祀名宦祠。

顾皋,字致斋,江苏无锡人。喜庆六年一甲一名进士,授修撰。九年,督贵州学政,厘剔弊窦,奏改黎平、开泰学额,士林颂之。超擢国子监司业。二十一年,直懋勤殿,编辑《秘殿珠林》、《石渠宝笈》。历翰林院侍读、左右庶子、侍讲学士、侍读学士。典陕甘乡试。二十四年,入直上书房,甚被仁宗眷注。二十五年,扈跸热河。上升遐之日,御笔擢皋詹事。次日,宣宗即位,执皋手大恸。道光元年,迁内阁学士,擢工部侍郎,兼管钱法堂。二年,调户部。连典顺天、浙江乡试,管理国子监事务。

皋在户部,不为激亢之行,考核利病,慎稽出纳,不可干以私。尝曰:"学期见诸实用。吾久回翔于文学侍从。及任经世理物之责,未能壹志专虑,以求称职。为自愧耳。"

八年,以病乞归。十一年,卒。

沈维鐈,字子彝,浙江嘉兴人。嘉庆七年进士,选庶吉士,授编修,历司业、洗马。与修《全唐文》、《西巡盛典》、《一统志》,入直懋勤殿,纂辑《秘殿珠林》、《石渠宝笈》。二十一年,督湖北学政,禁飞邪教,以端士风。累迁侍读学士。道光二年,典福建乡试,留学政。疏陈州县私设班馆之弊,请饬严禁,并禁监生充缉捕、催科诸役。四年,迁大理寺少卿。八年,督顺天学政,转太仆寺卿。任满,迁宗人府丞,署副都御史,寻实授。十二年,督安徽学政,奏请增建寿州考棚,与凤阳分试。濒江水灾,偕疆吏会筹赈抚。士民颂之。维鐈居官廉,屡视学,所至弊绝风清,振拔多知名士,宣宗知之,期满连任。擢工部侍郎。十七年,请回籍营葬,诏予假三月,毋庸开缺,事竣回京。十八年,以耳疾许免职,命病痊以闻。逾年,卒于家。

维锦学以宋儒为归,谓典章制度与夫声音训诂当宗汉人,而道理则备于程、朱,务为身心有之学。校刊宋儒诸书以教士,时称其醇谨焉。祀乡贤祠。

朱为弼,字右甫,浙江平湖人。嘉庆十年,进士,授兵部主事,迁员外郎。道光元年授御史,迁给事中。疏请整顿京师缉捕,劾仓场复奏海运仓豆石霉变情形不实,命大臣按鞫,侍郎和桂、张映汉并被谴。又疏陈江苏海口壅塞,浙江上游均受其害,请疏浚太湖下游刘河、吴淞诸水,为一劳永逸之计,发所议行。四年,擢顺天府府丞,迁府尹。有蝗孽,单骑驰视,却属官供张,曰:“吾为蝗来,乃以我为蝗耶?”六年,复降授府丞。历通政司副使、太常寺卿、宗人府府丞、都察院左副都御史。十三年,擢兵部侍郎,权仓场侍郎,寻实授。

十四年,出为漕运总督。时漕船水手恣横,庐州帮在东昌械斗,伤毙多命,下为弼查办,疏言:“漕督例随帮尾,在前者无从遥制。请责成押运官弁会同地方官拿办。”并定头柁十家联保,举发徇隐赏惩之法,奏陈剔弊速漕章程八事,下所司议行。十五年,以病乞免,允之。二十年,卒。

为弼精研金石之学,佐阮元纂《钟鼎彝器款识》,所著有《蕉声馆诗文集》。

程恩泽,字春海,安徽歙县人。父昌期,乾隆四十五年一甲三名进士,累官至侍讲学士,直上书房。恩泽勤学嗜奇,受经于江都凌廷堪,廷堪勖之曰:“学必天人并至,博而能精,所成乃大。”嘉庆十六年,成进士,选庶吉士,授编修。道光元年,入直南书房,宣宗曰:“汝父兰翘先生昔年在上书房,朕敬其品学。汝之声名,亦所深悉,宜更守素行。”典试四川。三年,督贵州学政,劝民育栗蚕,其利大行。重刊岳珂《五经》以训士。郑珍有巽才，特优异之，饷以学，卒为硕儒。六年，调湖南学政。任满回京，荐擢国子监祭酒。命充《春秋左传》纂修官，推本贾、服，不守杜氏一家之言。母忧归。十一年，服阕，仍直南书房。未补官，特命典试广东。知南海曾钊名，冀得之。钊未与试，榜发，大失望。所得多知名士。改直上书房，授惠亲王读。迁内阁学士。十四年，授工部侍郎，调户部。以部务繁，罢直书房。十七年，卒，上甚惜之，优诏赐恤，赐其子德威举人。

恩泽博闻强识，于六艺九流皆深思心知其意，天象、地舆、壬遁、太乙、《脉经》莫不穷究。谓近人治算，由《九章》以通四元，可谓发明绝学，而仪器则罕传，欲修复古仪器而未果。诗古文辞皆深雅。时乾、嘉宿儒多徂谢，惟大学士阮元为士林尊仰，恩泽名位亚于元，为足继之。所欲著书多未成，惟《国策地名考》二十卷、《诗文集》十卷传于世。

吴杰，字梅梁，浙江会稽人。少能文，为阮元所知。以拔贡生应天津召试，二等，充文颖馆誊录，书成，授昌化教谕。十九年，成进士。选庶吉士，授编修，迁御史。道光二年，督四川学政，疏请以唐陆贽从祀文庙，下部议行。迁给事中，出为湖南岳常澧道，历贵州按察使、顺天府丞。

十三年，川南叛夷犯边，师久无功，杰疏言：“川夷作乱，提督桂涵连战克捷，生禽首逆，清溪近边遂无夷踪。杨芳继任，用兵之区仅峨边一处，夷寇不过数部落，当易获胜。惟夷巢跬步皆山，夏令河水盛涨，徒涉尤难。杨芳自抵峨边，顿兵三月。臣思其故，必逆夷退伏老巢，水潦既降，不易深入。杨芳不敢以军情入告，但称督兵进剿，实皆游移观望之辞。旷日持久，边事所关非细，请敕总督鄂山体察确奏，毋得徇隐。”

又疏言：“驭夷长策，当先剿后抚。未剿遽抚，良莠不分。兵至，相率归诚，兵退，复出焚掠。层峦叠嶂，我师转运为艰。夷族因利伺隙，倏起倏伏，使我猝不及防。国家既厚集兵力，自当扫穴犁庭，除恶务尽,使诸夷望风震慑,一劳永逸。自古驭夷之法,讨伐易而安抚难。善后之举,至要者二:一曰除内奸。游手无业之徒,潜居夷地,为之谋主,教以掠人勒赎,聚众焚杀,及避火器敌官军之策。夷悍而愚,得之乃如虎傅翼,必应名捕,尽法惩治。良民亦驱使回籍,毋任逗留异域,宣谕土司,不得容留汉民,营伍逻诘,绝其潜入之路,则奸人无繇构扇矣。一曰分疆界。夷族愚惰,不谙农事,汉民租地,耕作有年,既渐辟硗卤为膏腴,群夷涎其收获,复思夺归,构衅之原,不外于此。今当勘丈清厘,凡汉民屯种夷地,强占者勒令退还,佃种者悉令赎归。无主之田,垦荒已久,聚成村落,未便迁移,画为汉界,禁其再行侵占,庶争端永息。”又奏:“越嶲厅设抚民通判,止治汉民,而熟夷皆受治土司,通判无专责,且营伍非其所辖,呼应不灵,每以细故酿为大衅。请改为抚夷通判,千把总以下皆受节制。”疏上,下鄂山议行。

迁内阁学士。十五年,擢工部侍郎,连典顺天乡试及会试。十六年,卒。

论曰:宣宗最重文学廉谨之臣,辛从益直言献纳,张鳞廉介绝俗,沈维鐈服膺理学,程恩泽博物冠时,皆负清望。顾皋、朱为弼、吴杰并以雅材回翔卿贰,亦足纪焉。

清史稿卷三七七
列传第一六四

鲍桂星　顾莼　吴孝铭
陈鸿　鄂木顺铭　徐法绩

　　鲍桂星，字双五，安徽歙县人。嘉庆四年进士，选庶吉士，授编修，选中允。九年，典试河南，留学政。十三年，典试江西。十五年，督湖北学政。累迁至内阁学士。十八年，任满，既受代，闻林清之变，疏陈十事，急驰至京，仁宗嘉之，曰："汝所奏已次第施行矣。"擢工部侍郎，充武英殿总裁。桂星性质直，勇于任事。十九年，疏陈刊书及校勘事宜。又劾提调刘荣黼等不职，命王大臣按之。荣黼面讦桂星曾言满总裁熙昌所校，不过偏旁点画，修改徒延时日，且言近日有旨，旗人不足恃，故督抚多用汉人。上闻之，怒，命传询。桂星对闻自侍郎周兆基，且言在部与满员共事，多有徇私背公，而兆基不承，又指同官熙昌及庆溥属托部事，两人亦不承。以任性妄言，下部严议，诏斥桂星指讦庆溥、熙昌属托无据，其咎小，妄言朝廷轻满洲重汉人，乱政之大者，革职。不准同籍，令在京闭门思过，责五城御史严察，如私著诗文有怨望诽谤之词，从重治罪。越五年，上意解，复官编修。宣宗即位，召对，谕曰："汝昔所劾，今已罢斥。"擢侍讲，又擢通政司副使，意颇向用。道光四年，擢詹事。未几，卒。

　　桂星少从同县吴定学，后师姚鼐，诗古文并有法，著有进奉文及诗集，又尝用司空图说辑《唐诗品》。

顾莼，字南雅，江苏吴县人。嘉庆七年进士，选庶吉士，授编修。十七年，大考一等，擢侍读。督云南学政，道经河南，见吏多贪墨，奸民充斥，密疏陈谓不早根治，恐酿巨患。仁宗问枢臣，枢臣微其事，不以为意。明年遂有滑县之乱。在云南，课士严而有恩，以正心术端行谊为首，次治经史，辨文体。按试所至，闻贤士必礼遇之，士风丕振。任满，充日讲官。二十五年，迁侍讲学士。值宣宗初政，疏请停捐例。再疏陈崇君德、正人心、饬官方三事。上召对，嘉纳其言。故事，大臣子弟不得充军机章京，时值考选，许一体与试。莼谓贵介不宜与闻枢要。请收回成命。事寻止。

左都御史松筠出为热河都统，莼上疏，谓松筠正人，宜留置左右，失上意，降编修，九岁不调。先是嘉庆中莼在史馆，撰《和珅传》，及进御，经他人窜改，和珅曾数因事被高宗诘责，并未载入传。仁宗怒其失实，严诏诘问。大臣以莼原稿进，仁宗深是之，而夺窜改者官。宣宗一日阅《实录》至此事，嘉莼直笔，因言前保留松筠，必非阿私，特擢莼右中允。未一岁，复侍讲学士原职。

时回疆张格尔乱甫定，莼疏："请于喀什噶尔沿边增重兵，以控制安集延，杜回人窥伺，又其地密迩英吉沙尔、叶尔羌、和阗，皆有水草可耕牧，宜募民屯田，为战守备。更请慎选大臣，无分满、汉，务得读书知大体有方略者任之，而以廉静明信能拊循民、回者为之佐，庶可永永无事。"

道光十一年，迁通政司副使。湖南北、江南、江西、浙江大水，莼疏言："饥民与盐枭纠合易生事，盐枭不尽去，终为臣患。缓治之则养祸深，急治之则召祸速，欲禁其妄行，必先谋其生路。见两淮盐场漂没，三江、两湖势必仰给芦、粤之盐，宜听民往贩，随时纳课，收课后，不问所之，俟盐产盛，丁力纾，即令课归丁，不限疆域。"事下所司，格未行。

莼性严正，尚气节，晚益负时望，从游者众，类能砥励自立，滇士尤归之，其秀异者至京师多就问业焉。十三年，卒。

吴孝铭,字伯新,江苏阳湖人。嘉庆十四年进士,选庶吉士,散馆授工部主事,充军机章京。十八年,林清之乱甫定,大军会攻滑县,孝铭从大臣行,参军事。累迁郎中,道光中,回疆用兵,首逆张格尔潜遁未获,议者欲以克复四城,分封回部酋长。孝铭密言于枢臣曰:"是可行于乾隆时,不可行于今日,行之边患且益甚。"议中止。张格尔旋就俘,赐花翎。

濒年大水,江、浙、两湖被灾尤数,承回疆兵事后,度支大绌。户部拟议,宗室日以蕃衍,衣食悉仰之官,耗财之大者,请自系出世祖以上子孙皆改为觉罗,为觉罗者以次递革。孝铭曰:"兹事当密陈,不宜显言。法当缓更,不宜骤易。宗室久受恩养,一旦降爵减粮令下即大困,因而呼吁,朝廷不得已,将必复之,是良法美意终于不行也。"部臣是其言,即使草奏上之。历鸿胪寺少卿、光禄寺少卿、通平司参议、顺天府丞,仍留直宁机处。十四年,擢太仆寺卿,再迁宗人府丞。

孝铭前后在枢廷二十余年,练于掌故,持议悉合机宜,屡膺文衡,有公明称。母忧,以毁致疾,服阕,至京。寻乞病归,卒于家。

陈鸿,字午桥,浙江钱塘人。嘉庆十四年进士,选庶吉士,授编修。迁御史,刚直有声。典试山西还,力陈驿站烦扰,请申定例,肃邮政。二十五年,疏陈浙江水利,略曰:"杭城地当省会,用上下两坊之水,溉仁和、钱塘、海宁之田数万余顷。源出西湖,近废不治。水淤菑积,塘河津耗,夏旱少雨,上塘枯涸,灾害尤剧。海宁长安镇号产米之乡,许村黄湾场为产盐之地,杭、嘉、湖、宁、绍诸郡赖是挽运。拟请仿江苏浚吴淞例,归民间按亩出赀,并饬疆臣躬履属境,凡堤塘闸坝,悉复旧制,俾农田旱潦有备。"又请:"北省多辟水田,兼收粳稻之利,庶使畿辅为沃野,无凶年。"皆被采纳。道光初年,疏陈浙嵯不纲,请裁盐政,归巡抚兼理,令整顿缉私,严禁掣规重斤科派供应诸弊,如议行。纠劾工部弊窦最多,不避权贵。迁给事中。

二年,奉命稽察银库,其妻固贤明,曰:"今而后可送妾辈归矣!"惊问之,曰:"银库美差也,苟为所染,昵君者糜至。祸且不测,妾不忍见君弃市也。"鸿指天自誓,禁绝赂遗。中庭已列花数盆,急挥去,坠地盆碎,中有藏锭,益耸惧。遂奏库衡年久铁陷,请敕工部选精铁易之。送库日,责成管库大臣率科道库员较验,然后启用。禁挪压饷银、空白出纳及劈鞘诸弊。库吏百计饴之,不动。复请户部逐月移送收银总簿,别立放银簿,钤用印信,以资考核。先是御史赵佩湘驭吏严,其死也,谕者疑其中毒。鸿莅库,勺水不敢饮。出督云南学政,奏革陋规,严束书吏,弊风顿革。迁通政司参议,卒于官。

鄂木顺铭,字复亭,钮祜禄氏,满洲正蓝旗人。父明安泰,江苏按察使。鄂木顺铭,嘉庆二十五年进士,选庶吉士,授编修,累迁右庶子。道光四年,大考一等,擢翰林院侍讲学士,迁少詹事。扈从东巡,命分视御道,内监前驱者多率意驰践,鄂木顺铭执而鞭之,则诉于御前。召问,鄂木顺铭对曰:"关外地与关内异,先驱蹂践则路坏,虑惊乘舆。且御道非大驾不得行,臣不敢不执法。"上韪之。命为湖南学政,以在母忧,引礼力辞。服阕,督安徽学政,迁光禄寺卿。十一年,大雨江溢,学政驻当涂,鄂木顺铭捐廉以赈,督守令劝捐,士民踊跃。知县赵汝和尽心民事,而戆直忤大吏,调为乡试同考官。鄂木顺铭坚留治赈,事得何。后上闻。宣宗以为贤,期满留任,迁大理寺卿。十二年,乡试,往江宁考录遗才,卒于试院。

鄂木顺名以气节自励,在满洲京僚中称最。大学士松筠尤重之,曰:"君光明挺直,行且大用,愿自受。"为英和门下士,在翰林,非有故不通谒。及英和谪戍,独送至数十里外。英和太息曰:"吾愧不知人,平日何曾好待君耶?"尝谒掌院学士玉麟,闻人弗为通,怒叱曰:"英相国获罪,即若曹为之,奈何犹不知儆!"翼日,玉麟自往谢。

徐法绩,字熙庵,陕西泾阳人。嘉庆二十二年进士,选庶吉士,授编修。以亲老归养,家居十年。道光九年,迁御史,谓谏臣当识大体，不宜毛举细故渎上听，致久浸生厌。疏陈求人才、捐文法、重守令、绳贪墨四事。会直隶河南地震成灾，劾罢监司不职者二人。迁给事中，稽察银库，无所染。十二年，分校会试，同官与吏乘隙为奸，匿云南饷银，法绩出闱亟按之，谋始沮。典试湖南，其副病殁，独专校阅，遍搜遗卷，拔取多知名士，而得于遗卷者六人，大学士左宗棠其首也。以荐赴东河，学习河工，周历两岸，详询利弊，著录为《东河要略》一篇。十四年，迁太常寺少卿。寻以病乞归，逾二年卒。

论曰：鲍桂星、顾莼以鲠直获谴，卒见谅于明主，莼之建白，尤卓卓矣。吴孝铭通达政体，鄂木顺铭朴诚持正，陈鸿、徐法绩清操相继，冀挽颓风，而库藏大狱，卒发于十数年之间，甚矣，实心除弊之罕观其人也！

清史稿卷三七八
列传第一六五

黄爵滋　　金应麟　　陈庆镛
苏廷魁　　朱琦

　　黄爵滋,字树斋,江西宜黄人。道光三年进士,选庶吉士,授编修,迁御史、给事中。以直谏负时望,遇事锋发,无所回避,言屡被采纳。十五年,特擢鸿胪寺卿。诏以爵滋及科道中冯赞勋、金应麟、曾望颜诸人均敢言,故特加擢任,风励言官,开忠谏之路,勉其勿因骤得升阶,即图保位,并以诰诫臣工焉。寻疏陈察天道,广言路,储将才,制匪民,整饬京城营卫,申严外夷防禁六事,又陈漕、河积弊,均下行。

　　时英吉利船舰屡至闽、浙、江南、山东洋面游奕,测绘山川地图。爵滋疏言:“外国不可尽以恩抚,而沿海无备可危。”十八年,上禁烟议疏曰:“窃见近年银价递增,每银一两,易制钱一千六百有零,非耗银于内地,实漏银于外洋也。盖自鸦片流入中国,道光三年以前,每岁漏银数百万两,其初不过纨袴子弟习为浮靡,嗣后上自官府搢绅,下至工商优隶,以及妇女僧道,随在吸食。粤省奸商勾通兵弁,用扒龙、快蟹等船,运银出洋,运烟入口。故自道光三年至十一年,岁漏银一千七八百万两,十一年至十四年,岁漏银二千余万两,十四年至今,渐漏至三千万之多,福建、浙江、山东、天津各海口合之亦数千万两。以中土有用之财,填海外无穷之壑,易此害人之物,渐成病国之忧,年复一年,不知伊于胡底。各省州县地丁钱粮,征钱为多，及办奏销，以钱为银，前此多有赢余，今则无不赔贴。各省盐商卖盐得钱，交课用银，昔之争为利薮者，今则视为畏途。若再数年，银价愈贵，奏销如何能办？积课如何能清？设有不测之用，又如何能支？今天下皆知漏卮在鸦片，而未知所以禁也。夫耗银之多，由于贩烟之盛，贩烟之盛，由于食烟之众。无吸食自无兴贩，无兴贩则外详之烟自不来矣。宜先重治吸食，臣请皇上准给一年期限戒烟，虽至深之瘾，未有不能断绝者。至一年仍然服食，是不奉法之乱民，加之重刑不足恤。旧例吸烟罪止枷杖，其不指出兴贩者，罪止杖一百、徒三年，俱系活罪。断瘾之苦，甚于枷杖与徒，故不肯断绝。若罪以死论，临刑之惨急，若于断瘾之苟延，臣知其愿死于家而不愿死于市。况我皇上雷霆之威，赫然震怒，虽愚顽沈溺之久，自足以发聋振聩。皇上之旨严，则奉法之吏肃，犯法之人畏。一年之内，尚未用刑，十已戒其八九。已食者藉国法以保余生，未食者因炯戒以全身命，止辟之大权，即好生之盛德也。"

"伏请余饬谕各督抚严行清查保甲，初先晓谕，定于一年后取具五家互结，准令举发，给予优奖。倘有容隐，本犯照新例处死，互结之家照例治罪。通都大邑，往来客商，责成店铺，如有容留食烟之人，照窝藏匪类治罪。文武大小各官，照常人加等，子孙不准考试。官亲幕友家丁，除本犯治罪外，本管官严加议处。满、汉官兵，照地方官保甲办理，管辖失察之人，照地方官办理。庶几军民一体，上下肃清，漏卮可塞，银价不至再昂，然后讲求理财之方，诚天下万世臣民之福也。"疏上，上深韪之，下疆臣各抒所见，速议章程。

先是，太常寺少卿许乃济疏言，烟禁虽严，闭关不可，徒法不行，请仍用旧制纳税，以货易货，不得用银购买，吸食罪名，专重官员、士子、兵丁，时皆谓非政体。爵滋劾乃济，罢其职，连擢爵滋大理寺少卿、通政使、礼部侍郎，调刑部。十九年，廷臣议定贩烟、吸烟罪名新例，略如爵滋所请。

林则徐至粤，尽焚趸船存烟，议外国人贩烟罪。英领事义律不就约束，兵衅遂开。二十年，命爵滋偕左都御史祁寯藻赴福建查办禁烟，与总督邓廷桢筹备海防。洎英兵来犯，廷桢屡挫敌于厦门，上疑之。爵滋与鄢藻方至浙江按事，复命赴福建察奏。疏陈："廷桢所奏不诬，定海不可不速复，水师有专门之技，宜破格用人。"具言战守方略。又言浙江为闽、粤之心腹，与江苏为唇齿，请余伊里布不可偏听琦善，信敌必退。及回京，复极言英人劳师袭远不足虑，宜竟与绝市，募兵节饷，为持久计，以海防图进。既而琦善在粤议抚不得要领，连岁命将出师，广东、浙江皆不利。二十二年，英兵由海入江，乃定和议于江宁，烟禁自此弛矣。寻丁父忧去官。

爵滋为御史时，稽察户部银库，尝疏言库丁轻收亏帑之弊。二十三年，银库亏空九百万两事发，追论管库、查库诸臣，罪皆褫职责赔，赔既足，次第予官。爵滋以员外郎候补，病足家居，上犹时问其何在。三十年，至京，会上崩，遂不出。逾三年，卒。

爵滋以诗名，喜交游，每夜闭阁草奏，日骑出，篇视诸故人名士，饮酒赋诗，意气豪甚。及创议禁烟，始终主战，一时以为清流眉目。所著《奏议》、《诗文集》行于世。

金应麟，字亚伯，浙江钱塘人。以举人入赀为中书。道光六年，成进士，授刑部主事，总办秋审，先后从大臣谳狱四川、湖北、山西。累擢郎中，改御史，迁给事中。疏请修改刑例，于斗殴、报盗、劫囚、诬告、私铸、服舍违式、断罪引律、奴婢殴主、故禁故勘平人、应捕人追捕罪人、犯罪存留养亲、官司出入人罪、徒流迁徙地方、外省驻防逃人，逐条论列，多被采取改定，又论铜船恣横不法及驿站扰累诸弊，并下各省督抚禁革。先后封事数十上，劾疆臣琦善、河臣吴邦庆，尤为时称。宣宗嘉其敢言，擢太常寺少卿。遭忧归，服阕，授鸿胪寺卿。疏论水师废弛，漕政颓素。十九年，出为直隶按察使，鞫护理长芦运使杨成业等得赃狱，论遣戍，前运使陈崇礼等并罣议。寻召为大理寺少卿。二十二年，疏言："海疆诸臣欺罔，其故由于爵禄之念重，而趋避之计工。欲破其欺，是在乾断。资格不可拘，嫌疑不必避，旧过不妨宥，重赏不宜惜。近顷长江海口镇兵足守，而敌船深入,逃溃时闻。竭亿万氓庶之脂膏,保一二庸臣之躯命。议者诿谓无人无兵无饷无械。窃以无人当求,无兵当练,无饷械亦当计度固有,多则持重,少则用谋,作三军之气,定边疆之危,在皇上假以事权,与任事者运用一心而已。”复疏进《预计度支图》、《火器图》、《筹海战方略》甚悉。二十三年,以亲老乞归省,不复出。著有《麐华堂奏议》及《骈体文》。

陈庆镛,字颂南,福建晋江人。道光十二年进士,选庶吉士,散馆授户部主事,迁员外郎,授御史。二十三年,海疆偾事,获罪诸臣浸复起用。

庆镛上疏论刑赏失措,曰:“行政之要,莫大于刑赏。刑赏之权,操之于君,喻之于民,所以示天下之大公也。《大学》论平天下之道,在于洁矩。矩者何,民之好恶是已。海疆多事以来,自总督、将军以至州县丞卒,禽骇兽奔。皇上赫然震怒,失律之罪,法有莫逭。于是辱国之将军奕山、奕经,参赞文蔚,总督牛鉴,提督余步云,先后就逮,步云伏法。血气之伦,罔不拊手称快,谓国法前虽未伸于琦善,今犹伸于余步云。乃未几起琦善为叶尔羌帮办大臣。邸报既传,人情震骇,犹解之曰:‘古圣王之待罪人,有投四裔以御魑魅者。’皇上之于琦善,殆其类是,而今且以三品顶戴用为热河都统矣。且用奕经为叶尔羌帮办大臣,文蔚为古城领队大臣矣。琦善于战事方始,首先示弱,以惰军心,海内糜烂,至于此极,既罢斥终身不齿,犹恐不足餍民心而作士气。奕经之罪,虽较琦善稍减,文蔚之罪,较奕经又减。然皇上命将出师入若何慎重。奕经顿兵半载,曾未身历行间,骋其虚骄之气,自诡一鼓而复三城,卒之机事不密,贻笑敌人,覆军杀将,一败不支。此不待别科骚扰供亿、招权纳贿之罪,而已不可胜诛。臣亦知奕经为高宗纯皇帝之裔,皇上亲亲睦族,不忍遽加显戮。然即幸邀宽典,亦当禁锢终身,无为天潢宗室羞,岂图收禁未及三月,辄复弃瑕录且?用此数人者,皇上特未知其见恶于民之深耳。倘俯采舆论,孰不切齿琦善为罪魁,谁不疾首于奕山、奕经、牛鉴、文蔚，而以为投畀之不容缓？此非臣一人之私言也。侧闻琦善意侈体汰，趹踶如常，叶尔羌之行，本属怏怏，今果未及出关，即蒙召还。热河密迩神京，有识无识，莫不抚膺太息，以为皇上向用琦善之意，尚不止。万一有事，则荧惑圣聪者，必仍系斯人。履霜坚冰，深可懔惧。顷者御试翰詹，以'烹阿封即墨'命题，而今兹刑赏顾如此，臣未知皇上所谓阿者何人？即墨者何人？假如圣意高深，偶或差忒，而以即墨为阿，阿为即墨，将毋誉之毁之者有以淆乱是非耶？所望皇上立奋天威，收回成命，体《大学》洁矩之旨，鉴盈廷毁誉之真，国法稍伸，民心可慰。"疏上，宣宗嘉之，谕曰："朕无知人之明，以致琦善、奕经、文蔚诸人丧师失律，惟有返躬自责，不欲诿罪臣工。今该御史请收回成命，朕非文过饰非之君，岂肯回护？"复革琦善等职，令闭门思过。于是直声震海内。

二十五年，迁给事中，巡视东城，以事违吏议，左迁光禄寺署正。二十六年，乞归。文宗即位，以大学士朱凤标荐，复授御史，蹶而再起，气不少挠，叠上疏多关大计。自粤匪起，福建群盗蠢动，蔓延泉、漳、兴、永诸郡。咸丰三年，庆镛疏陈利害，命回籍治团练。惠安妖妇丘氏煽乱，侦获置诸法，赐花翎。俄以病请开缺。七年，逆匪林俊纠莆阳、仙游、永春、南安群贼犯泉州，庆镛激厉士民固守，贼攻围数日而退。论功，以道员候选。八年，卒于泉州，赠光禄寺卿，赐祭葬，荫一子知县，祀乡贤祠。

庆镛精研汉学，而制行则服膺宋儒，文辞朴茂，著有《籀经堂文集》、《三家诗考》、《说文释》、《古籀考》等书。

苏廷魁，字赓堂，广东高要人。道光十五年进士，选庶吉士，授编修。二十二年，迁御史。海疆兵事方亟，迭上疏论列，请修筑虎门炮台及燕塘虚、大沙河、龟冈诸要隘，以离敌回扰粤，既而和议成。二十三年春，有白气自天西南隅直扫参旗，因灾异上疏数千言，极论时政乖迕，归罪枢臣穆彰阿等，请立罢黜，并下罪己诏，开直谏之路：语多指斥。宣宗览奏动容，嘉其切直，朝野倾望丰采。遭忧去官，服阕,迁给事中。

咸丰元年,上谨始疏,请求宏济之道,执劳谦之义,防骄泰之萌,推诚任贤,慎始图治,选择翰詹为讲官,严取孝廉方正备采用,文宗嘉纳之。赛尚阿出督师,援引内阁侍读穆荫擢五口京堂,在军机大臣上学习行走。廷魁疏劾其坏旧制,用私亲,超擢太骤,易启幸进之门,请俟赛尚阿还,令回章京本任,诏斥擅预黜陟,犹以素行端方,不之罪。上先隐其名,出疏示赛尚阿,赛尚阿退,饮台垣酒,问:"谁实弹我?"廷魁出席曰:"公负国,某不敢负公。"再以忧归。咸丰四年,广东红巾匪起,将犯省城。或献议借外兵,以铺捐为饷糈,力争,罢其议。

八年,英法联军踞广州,廷魁与侍郎罗惇衍等倡设团防局,严清野,绝汉奸,招募东莞及三元里、佛山练勇得数万人,声言戒期攻城,敌师出,击斩百余级。敌始有戒心,稍戢,连艘北犯,既而天津议和,广东敌兵未退,民益愤,廷魁等请留练局以防土寇。敌谓既媾和何复募勇,且以悬金购领事巴夏礼为责言。议和大臣桂良虑挠成议,奏请撤局。初,艇匪扰广宁,围四会、肇庆,兵疲粮罄,或劝之去,廷魁曰:"予团防大臣也,誓与城为存亡!"会提督昆寿克梧州,以兵来援,城得完。疆臣屡欲上其功,皆固辞。

同治初,以中外大臣荐,授河南开归陈许道,历布政使,擢东河总督。七年,河决荥泽,未夺溜,革职留任,阅三月工竣,复之。逾年,内召,去官,称疾归。光绪四年,卒。

朱琦,字伯韩,广西临桂人。父凤森,嘉庆六年进士,官河南浚县知县,有政声。滑县教匪起,率团练御之,屡破贼,城守卒完。迁河南府通判。殁,祀名宦。

琦,举乡试第一。道光十五年,成进士,选庶吉士,授编修。慕同里陈宏谋之为人,以气节自励。迁御史,值海疆事定,祸机四伏,而上下复习委靡,言路多容默,深以为忧。著《名实说》,略曰:"天下有乡曲之行,有大人之行。乡曲、大人,其名也,考之其行,而察其有用与否，其实也。世之称者，曰谨厚，曰廉静，曰退让，三者名之至美也。而不知此乡曲之行也，非所谓大人者也。大人之职，在于经国家、安社稷，有刚毅之大节，为人主畏惮，有深谋远虑，为天下长计。合则留，不合以义去。身之便安，不暇计也。世之指摘，不敢逃也。今也不然。曰：吾为天下长计，则天下之衅必集于我，吾为人主畏惮，则不能久于其位，不如谨厚、廉静、退让，此三者可以安坐而无患，而名又至美也。夫无患而可久于其位，又有天下美名，士何惮而不争趋于此？故近世所称公卿之贤者，此三者为多矣。当其峨冠襜裾，从容正步，趋于廊庙之间，上之人不疑，而非议不可，其沈深不可测也。一日遇大利害，抢攘无措，钳口挢舌而敢言，而所谓谨厚、廉静、退让，至此举无可用，于是始思向之为人主畏惮而有深谋远虑者，不可得矣。且谨厚、廉静、退让三者，非果无用也。古有负盖世之功而思持其后，挟震主之威而唯恐不终，未尝不斤斤于此，故又以镇薄俗、保晚节。后世无其才而冒其位，安其乐而避其患，假于名之至美，侗然自以为足。是藏身之固，莫便此三者。孔子之所谓鄙夫也，其究乡愿也。是张禹、胡广、赵戒之类也，甚矣其耻也！”于是数上疏切论时务，皆留中不报。时咸推其抗直，称为名御史。

琦以言既不见用，二十六年，告归。越数年，广西群贼蜂起，其言皆验。家居治团练，助守御。贼中枭杰张家祥者，悔罪投诚，当事犹疑之。琦知其忠勇可用，以全家保之，乃受降，改名国梁，卒为名将，琦以守城劳议叙，以道员候选。咸丰六年，再至京师。居两岁，从钦差大臣桂良至江苏，无所遇，王有龄独重之，有龄抚浙，辟赞军事。咸丰十一年，粤匪犯杭州，总理团练局。守清波门，城陷，死之。赠太常寺卿，予骑都尉世职，祀昭忠祠。

琦学宗程、朱，诗古文皆有法，著有《怡志堂集》、《台垣奏议》。

论曰：禁烟之议，创自黄爵滋，行之操切，而连衅遂开，继之游移而国威愈坠，诚不可以此归咎始议之人。然谋国万全，决胜千里，非恃意气为也。行固维艰，言亦岂易易哉？金应麟同被拔擢，亦始终主战。陈庆镛、苏廷魁、朱琦时称"三直";合之应麟又称"四虎"。所言有用有不用,凛凛然有生气,要足以砭顽振懦矣。

清史稿卷三七九
列传第一六六

赵慎畛　卢坤 曾胜　陶澍

　　赵慎畛，字笛楼，湖南武陵人。为诸生时，学政钱沣器之，曰：
"人英也！"嘉庆元年，成进士，选庶吉士，授编修。迁御史、给事中。
条上川、楚善后屯田保甲事宜。巡通州漕，革陋规，廉得杨村通判科
索剥船，奏褫其职。湖南学政徐松矜愎失士心，欲附慎畛自固，常列
其弟子优等，慎畛列款纠劾罢之。两广总督蒋攸铦荐其才可大用。
　　十七年，出为广东惠潮嘉道。严治械斗，捕南澳、澄海、潮阳盗
甚众，沿海民寮居为逋逃薮，悉编入保甲。逾年，擢广西按察使。天
地会匪结党构乱，胁有赀者入其中，慎畛惟严罪匪首，被胁者不坐。
广东洋匪投诚后，渐入广西为盗。设水路巡船以护商旅，督守令以
捕盗多少为殿最。远郡招解重囚烦费，吏因讳盗，省文法，严举劾，
缉捕始力。
　　二十年，迁广东布政使。州县多积亏，展转相承，悉心钩稽，除
其纠葛，库储顿增。南海、高要濒河堤防多圮，民苦水患，筹款生息
资岁修，屯田五千余顷。赋重为累，请减粮额，摊抵于沙坦轻则之
地。粤俗奢靡，刊发陈宏谋行政训俗遗规，躬行节俭以示劝。
　　二十三年，擢广西巡抚。习知粤西地势如建瓴，旬月不雨即旱
竭，劝民修堤塘，造龙骨车，开荫井，设井筒架，皆颁式俾仿行。地连
黔、楚，群盗出没。宜山会匪廖五桂、蓝耀青分踞新、旧两墟，纠众分
党，伪立名目，勒索殷户，争利相扰，亲往捕诛之。饬属行保甲，置望

楼，练民壮互相守望，县建卡房数十座，府各督属会营巡缉。柳州至省千余里，设水汛四十三所，终任凡获盗千七百余人。盗多出于流匪，编客民籍，驱其单身游荡者，矿厂窑榨佣丁皆立册，有保者留，否则逐。故事，梧、浔二关，巡抚例得动用盈余。慎畛曰："吾家衣食粗足，身为大臣，取盈将安用之？当为国家布仁泽耳。"乃于桂林设预备仓，增设书院，柳州、庆远、思恩三府皆创设之，缮城浚河，广置栖流所，并取给焉。

道光二年，入觐，宣宗嘉其诚实不欺，温谕褒勉，擢闽浙总督。严申军律，课诸镇营汛勤训练。浙江提督沈添华玩纵，劾罢之。责水师缉海盗，盗多就擒。上游四府多山，客民租山立厂，游匪群聚，遣兵搜山，捕诛其魁。闽安所辖有琅琦岛，居民多为奸利，擒治之，移驻水师，建炮台，遂为省城门户。台湾自来多乱，动烦大兵，慎畛尤以为虑，尽选贤能以治。凤山莠民杨良斌煽众起事，檄巡道孔昭虔、知府孔传毬剿治，未一月而定，不烦一兵渡海。瑷玛兰设治，部议赋则较重，奏减之。民入山伐木，岁供道厂船料，匠首苛敛激变，捕诛首乱，更定采木章程，乃相安。戍兵万四千，更代时皆赴厦门，由提督点验，远者千里，改由各提镇分验，兵困以苏。台湾产米，漳、泉数郡仰给商运，江、浙、天津民无盖藏，米贵辄生乱，于海口稽米船出数，酌丰歉为限制，常留有余。疏请漳浦明儒黄道周从祀文庙，下廷臣议行。侯官谢金銮、德化郑兼才皆以学行著，素所敬礼，殁而举祀乡贤。又旌表义烈，以振风俗。

五年，调云贵总督，铜矿、盐务积疲，疏陈变通整顿之法。以边防莫便于屯田，方考访形势利便，未及议行而疾作。病中释疏劾贪黩不职者数十人。未几，遂卒。代者急递追回原疏，滇人惜之。遗疏上，优诏赐恤，赠太子少保，谥文恪，祀名宦、乡贤祠。

慎畛服膺儒先，凡有益身心可致用者，皆身体力行。好善嫉恶，体恤属僚，训戒恳切，如师之于弟子。所至于文武官吏，常能识别其才否，人亦乐为之用。所著《奏议》、《从征录》、《载年录》、《读书日记》、《惜日笔记》等书及《诗文集》凡数十卷。

　　卢坤,字厚山,顺天涿州人。嘉庆四年进士,选庶吉士,散馆授兵部主事,荐迁郎中。扈随木兰,校射,赐花翎。十八年,出为湖南粮储道,丁本生父母忧,服阕,历广东惠潮嘉道、山东兖沂曹济道、湖北按察使、甘肃布政使。道光元年,护理陕西巡抚。二年,擢广东巡抚,未之任,调陕西。议者谓南山老林易薮奸,不宜开垦。坤历陈汉、蜀、唐、宋史事,及汉李翕《郙阁颂》,以征垦治之利,韦任严如熤,假以便宜,垦务大兴。勘修南山各属城工,汉江堤岸,筑坝浚淤,审度形势,移驻文武,增改官制。又修复咸宁、长安、泾阳、盩厔、岐山、宝鸡、华州、榆林河渠水利,筹补榆林、绥德两属常平仓谷,劝民捐建社仓。疏陈:“察吏之要,不独亲民,官贪廉为民身家所系,其勤惰、明昧、宽严,皆关民生休戚。”宣宗深韪之。五年,以母忧去官。

　　六年,回疆用兵,特起驻肃州,偕总督鄂山治转饷。以托古逊为运粮首站,自乌鲁木齐至阿克苏,置三十二站,大兵五万余,日需粮五百石,每站备驼五百有奇,由山西、陕西采购,又蒙古阿拉善部进驼千,乌里雅苏台调拨官驼四千。疏请军需从宽筹备;兵丁量增口粮;给皮衣皮帽,以御寒;出口驼马刍秣;时给买补缺额营马,预备续调;监造军械务期坚实;拨运陕省制钱,平市价;添设台站夫马;雇用车辆,定例价;招募护台民丁,后路粮台亦添兵守护:凡十一事,并如议行。回疆平,加太子少保。及张格尔就擒,赐头品顶戴。服阕,授山东巡抚,调山西。八年,裁撤肃州军局。始抵任,寻调广东巡抚。

　　十年,又调江苏,未至,擢湖广总督。两湖鹾务,狃于封轮之例,道光初议散轮,七年复因加价,仍改封轮,引滞商疲。坤至,疏请实行散轮,建盐仓于汉岸,俾商船源源揽运。寻量减售价,以销楚岸积盐。设塘角总卡,按船编号,以杜内私外私之弊。复湖南永兴粤盐定额,以保淮纲。湖北水灾,请免米税,借帑十万两。坪购川米平粜。疏调前两淮盐运使王凤生综理水利,择要疏浚河道,修筑堤堰,皆以次举行。

十二年，湖南江华瑶赵金龙作乱，粤瑶应之，湖南提督海陵阿及副将、游击等皆战殁，坤亲往督师，密陈湖北提督罗思举能办贼。时桂阳、常德诸瑶蜂起应贼，常德水师、荆州驻防兵皆不习山战，坤至，悉罢之，改调镇筸苗疆兵，分屯要隘，坚壁清野，与贼相持。俟两湖兵大集，贵州提督余步云、云南副将曾胜亦率军至，乘雷雨袭击洋泉街。罗思举督诸将昼夜环攻，毙贼数千，破其巢，擒金龙子女及头目数百人。金龙承间逸，为乱军所歼，获其尸及剑印木偶诸物。捷闻，赐双眼花翎，世袭一等轻车都尉。尚书禧恩、将军瑚松额方奉命视师，未至，贼已平。粤瑶赵仔青纠众数千入楚界，声言为金龙复仇，连败之于濠江、银江，擒仔青磔于市。广东连山黄瓜寨瑶犹猖獗。两广总督李鸿宾剿治不力，以罪退，调坤代之。偕禧恩等先后往督诸将进剿，瑶疆悉平。合疏陈两省善后事宜，改移文武官制驻所，并允行。

十三年，越南盗陈加海结边地游民啸聚狗头山，潜入内洋，遣水师击沈八船，擒加海诛之。寻越南内讧，慎固边防，拒其请兵，诏嘉得大体。

英吉利兵船擅入海口，要乞推广通商，坤依故事停其贸易。领事律劳卑挟二船入虎门，炮击不退，且以炮拒，进泊黄浦。坤设方略扼其归路，断其接济，集水陆师临以兵威，律劳卑穷蹙，引罪求去。澳门洋商代请命，坤持之良久，乃驱之出口。疏闻，诏嘉奖，先夺宫衔、花翎并复之。于是严海防，勤训练，自南山至大虎分三段，与沙角、大角相联络。省河中流沙地增建炮台，以资保障，夷情敛慑。坤久任封圻，所莅皆有名绩，宣宗深倚之。十五年，卒，赠太子太师、兵部尚书，从优恤，谥文肃。子端黼，袭世职。

曾胜，广西马平人。以行伍从剿湖南苗匪，川、楚教匪，积功至都司。累迁云南参将，以计擒枭渠徐黑二及宣威小梁山匪首，为时称。迁维西协副将。瑶匪赵金龙之乱，率师会剿，擢湖南永州镇总兵，歼金龙，及擒粤瑶赵仔青，战皆力。寻赴广东剿连山瑶，迭战大横桥、分水岭、炮台山、火烧坪、军獠里、大崖冲、上坻园。瑶平，论功最，加提督衔，赐号瑚尔察图巴图鲁，予云骑尉世职。调南韶连镇，擢广东陆路提督。当英吉利兵船入内河，水师提督李增阶不能阻，胜献策，以巨船载石沉塞海口老洲冈隘道，聚草船数百横内河，备火攻，胜率兵临之，英领事律劳卑悚惧听命，事乃定。十七年，卒于官，谥勤勇。

陶澍，字云汀，湖南安化人。嘉庆七年进士，选庶吉士，授编修，迁御史、给事中。疏劾吏部重鉴，河工冒滥，及外省吏治积弊。巡中城，决滞狱八百有奇。巡南漕，革陋规，请浚京口运河。二十四年，出为川东道，日坐堂皇，剖决狱讼如流。请减盐价，私绝课增。总督蒋攸铦荐其治行为四川第一。历山西按察使、安徽布政使。

道光三年，就擢巡抚。安徽库款，五次清查，未得要领，澍自为藩司时，构核档案，分别应劾、应偿、应豁，于是三十余年之纠葛，豁然一清。严交代，禁流摊，裁捐款，至是奏定章程，俾有司释累，得专力治民。濒江水灾，购米十万石，劝捐数十万金，赈务核实，灾民赖之无失所。治寿州城西湖、凤台蕉冈湖、凤阳花源湖；又怀远新涨沙洲阻水，并开引河，导之入淮。淮水所经，劝民修堤束水，保障农田。各县设丰备仓于乡村，令民秋收后量力分捐，不经吏役，不减粜，不出易，不假贷，岁歉备赈，乐岁再捐，略如社仓法而去其弊。创辑安徽通志，旌表忠孝节烈以励风俗。

五年，调江苏。先是洪泽湖决，漕运梗阻，协办大学士英和陈海运策，而中外纷议挠之。澍毅然以身任，奏请苏、松、常、镇、太五府州漕粮百六十余万石归海运，亲赴上海，筹雇商船，体恤商艰，群情踊跃。六年春，开兑，至夏全抵天津，无一漂损者，验米色率莹洁，过河运数倍。商船回空，载豆而南，两次得值船余耗米十余万石，发部帑收买，由漕项协济天津、通仓之用，及调剂旗丁，尚节省银米各十余万。事竣，优诏褒美，赐花翎。明年，遂偕总督蒋攸铦合疏陈海运章程八条，冀垂令甲，永纾漕累，格于部议。未果行。又以绅衿包完漕米，横索陋规，为漕务之害。奏请惩办。学政辛从益意不合，争之。

澍复疏言："陋规日增,势必取偿小民。若预计有司不减浮收,置陋规于不问,非釜底舞薪之计。"仍执前议,治包抗从严焉。

江苏频遭水患,由太湖水泄不畅。疏言："太湖尾部在吴淞江及刘河、白茆河,而以吴淞江为最要。治吴淞以通海口为最要。"于是以海运节省银二十余万兴工,择贤任事,至八年工竣。又以江以南运道,徒阳运河最易淤阻,而练湖为其上游,孟渎为其旁支,澍自巡漕时,条奏利害,至是先浚徒阳河,将以次举刘河、白茆、练湖、孟渎诸工。后在总督任,与巡抚林则徐合力悉加疏浚,吴中称为数十年之利,语详《则徐传》。

十年,以捕获户部私造假照要犯,加太子少保衔,署两江总督,寻实授。时淮盐败坏,商困课绌,岌岌不可终日。澍疏陈积弊,请大删浮费。以为补救。议者多主改法课归场灶,命尚书王鼎、侍郎宝兴赴江南查议。澍谓除弊即以兴利,无事轻改旧制,偕鼎等合疏胪陈利害,条上十五事。鼎等复请裁盐政归总督管理,报可。澍受事,缴还盐政养廉五千两,裁减衙门陋规十六万两有奇,凡淮南之窝价、淮北之坝杠,两淮之岸费,分别减除,岁计数百万两,分设内外二库,正款贮内库,杂项贮外库,杜绝挪垫。革总商以除把持,散轮规以免淹滞,禁粮船回空带芦盐,及商船借官行私,令行禁止,弊风肃清,淮北尤疲累,先借款官督商运,继仿山东、浙江票引兼行之法,于海州所属中正、板浦、临兴三场择要临设局给票,注明斤数运地,无票越境以私论。仍留畅销之岸,江运八州县、湖运十一州县,归商运。

十二年,奏准开办,越半岁,溢销逾额,复推广于江运、湖运各岸,减价裁费,商贩争趋,而窝商蠹吏、坝夫岸胥一旦尽失其中饱需索之利,群议沸腾。言官摭浮言,屡事弹劾,赖宣宗鉴其忠诚,倚畀愈专。屡请复盐政专职,皆不许,澍益感奋,力排众议,毅然持之,卒获成效。道光元年至十年,淮南行六纲,淮北仅行三纲。澍承极弊之后,自十一年至十七年,淮南已完六纲有余,淮北率一岁行两纲之盐,尽完从前带欠,且剂淮南悬引,两淮共完正杂银二千六百四十余万两,库贮实存三百余万两两。届京察,并被褒奖优叙。晚年将推淮北之法于淮南,已病风痹,未竟其施,然天下皆知票盐减价敌私,为正本清源之计。后咸丰中乃卒行之。十八年,卒。遗疏上,优诏轸惜,称其"实心任事,不避嫌怨",晋赠太子太保,依尚书例赐恤,赐其子桄主事,谥文毅。祀名宦祠,于海州建专祠。

澍见义勇为,胸无城府。用人能尽其长,所拔取多至方面节钺有名。在江南治河、治漕、治盐,并赖王凤生、俞德源、姚莹、黄冕诸人之力。左宗棠、胡林翼皆识之未遇,结为婚姻,后俱为名臣。所著《奏议》、《诗文集》、《蜀輶日记》、《陶桓公年谱》、《陶渊明诗辑注》并行世。

论曰:赵慎畛学有本源,察吏治民,严而能恕,所至政无不举。卢坤治回疆军需,平湖南瑶,驭广东夷商,皆有殊绩。陶澍治水利、漕运、盐政,垂百年之利,为屏为翰,庶无愧焉。道光中年后,海内多事,诸臣并已徂谢,遂无以纾朝廷南顾之忧。人之云亡,邦国殄瘁,其信然哉!

清史稿卷三八〇
列传第一六七

陈若霖　戴三锡　孙尔准
程祖洛 马济胜 　裕泰　贺长龄

　　陈若霖,字宗觐,福建闽县人。乾隆五十二年进士,选庶吉士,散馆授刑部主事,累迁郎中。束鹿县民王洪中为人聚殴,讼不得直,自经死。若霖鞫得其实,被议叙。秩满当外用,仍留部。数从大臣赴各省谳狱,以宽恕称。嘉庆十三年,出为四川盐茶道,擢山东按察使,调广东,署布政使,以佐总督百龄平海盗,赐花翎。调湖北,复调四川,就迁布政使。二十年,擢云南巡抚。水尾土州目黄金珠结内地奸民,杀副州目李广政,掠其家,鞫实,置于法。

　　历广东、河南、浙江巡抚。浙省南北新关科罚无度,限以半正额为止。恤商而课裕。修萧山新庙堤,建盘头以御潮。次年,新林塘圮,亲往勘,疏言:“新林塘旧为险工,今距海日远,塘以外为灶地,外复为牧地,中有马塘,足为新林屏蔽,宜补筑以遏潮汐。疏通灶地各沟洫,引入牧地之莫家等湾以排泄之,即以灶地之土培护新林堤基。西筑横塘以御江水。责令灶牧各户及萧山、山阴、会稽三县,分别修筑。”又奏修会稽、上虞等县塘堤,并如议行。二十四年,擢湖广总督,湖南凤凰等厅屯丁额多为官占,失业者众,悉清厘发还征租。官入苗寨多娄索,或冒名诈财,严禁之。又以屯地硗瘠租额重,为奏减苗租二万余石,免通赋七万余石,苗民感之。

　　道光二年,调四川。中江覃万典、犍为道士萧来修等假神惑众,捕诛首犯，不坐株连。九姓长官司不谙吏治，奏请考试，狱讼别由泸州及州判兼理。四年，召授工部尚书，调刑部，兼管顺天府尹事。文安县地形如釜底，自道光初堤防冲决，积水不能耕种，议请急行修筑。七年，命勘湖北京江黄家陵堤工，疏言："下游灾民吁请修治溃堤，上游居民谓口门下游乃襄河故道，复请废之。河流经行二百余年，舍此不由，而别寻二百年以前故道，其说殊谬。潜江、天门、汉川俱属下游，而天门、汉川尤当冲要，何忍委之巨浸？惟有开通江流，堵合口门，因势利导。胡家湾沙洲当下游之冲，以四十余丈之地束全江之水，下壅上溃，理有必然。今洲已冲溃，乘势挑浚新滩，展宽水道，使江流无冲突之患，然后增筑京江、钟祥口门堤坝，再于溃口筑石南坝二，以护堤攻沙，庶可经久。"报可。十二年，乞休归，卒于途，赐恤。

戴三锡，顺天大兴人，原籍江苏丹徒。乾隆五十八年进士，授山西临县知县。连丁父母忧，嘉庆六年，服阕，发四川，补南充。历马边、峨边两厅通判，署资州、眉州、邛州，并有政声。邛州民黄子贤以治病为名，倡立鸿钧教，捕治之。事闻，仁宗命送部引见，擢茂州直隶州知州。历宁远知府、建昌道、四川按察使。道光二年，迁江宁布政使，回避本籍，仍调四川。三年，署总督，五年，实授，兼署成都将军。

三锡自牧令荐陟封疆，二十余年，未离蜀地。尽心民事，兴复通省书院，增设义学三千余所。四川旧有义田，积储备赈，谷多则变价添置良田。三锡以岁久将膏腴多成官产，留谷太多，又虞霉变亏挪，差定三千至万石为额，溢额者出粜，价存司库，以备凶岁赈恤之用。又以蜀地惟成都附近俱平畴沃野，余多山谷硗瘠，遇水冲塞，膏腴转为砂石，因地制宜，多设渠堰，以资捍卫宣泄。新都奸民杨守一倡立邪教，造妖书惑众，擒诛之。越巂生番劫夺商旅，掠汉民妇女，捕驱黠者数十人置之法，救出被掠男妇，给资安抚。屡被诏褒奖。九年，因年老召来京，署工部侍郎。寻致仕，未几，卒。诏嘉其"宣力有年,官声素好",赠尚书衔,依赠衔赐恤。

孙尔准,字平叔,江苏金匮人,广西巡抚永清子。嘉庆十年进士,选庶吉士,授编修。十九年,出为福建汀州知府。宁化民敛钱集会,大吏将治以叛逆。尔准讯无他状,论诛首要,鲜所株连。历盐法道、江西按察使,调福建,就迁布政使。道光元年,调广东布政使,擢安徽巡抚。河南邪匪邢名章等纠众窜颍州,檄按察使惠显率兵驰剿,格杀名章,歼其余党。䦆缓被灾各属,灾甚者赈恤之。先是有言赈务积弊,毋得以银折钱,尔准疏其弗便,仍循旧章。

三年,调福建巡抚。延、建各属山径丛错,多盗劫,以万金为缉捕费,连获贼首置之法,盗风衰息。巡阅台湾,疏言:"台湾南北袤延千余里,初抵鹿耳门,可行舟楫。嗣增设鹿仔港,而浅狭多沙,内山溪水赴海,别开港在嘉彰间,曰五条港,颇利商船。又噶玛兰山峻路险,负戴难行,其地有乌石港、加体远港,可通五六百石小舟,皆宜设为正口。"

五年,擢闽浙总督。奏请噶玛兰收入版籍,设官治理。彰化匪徒械斗焚劫,旁近蜂起,全台震动,檄水师提督许松年剿捕,副将邵永福等趋艋舺,阻其北窜;总兵陈化成以兵渡鹿仔,防其入海。尔准亲驻厦门,遣副将佟枢等分往彰化、淡水,搜山围捕,诇知贼党煽诱日众,移陆路提督马济胜守厦门,自渡海驻彰化督剿,贼首李通通,捕得伏诛。令各庄举首事,缉余匪,闽人捕闽人,粤人捕粤人,以免诬累。

台人有与生番贸易遂娶番妇者,俗名"番割",其魁黄斗乃等久踞三湾,潜出为盗。当乱起时,诱生番出山助斗,遣参将黄其汉等分路侦击。番窜后山,士卒攀藤蹑葛而登,禽黄斗乃等二十一人,斩以徇。尔准疏陈匪徒起事,由于造谣焚掠,非叛逆,当以强盗论,淡水以北分党报复,当以械斗论,焚杀有据者始坐辟,余俱末减。其胁从旋解散者,多所保全。又奏台湾北路至艋舺几五百里,仅有守备一员,巡防难周。调南路游击一员驻竹堑、并于大甲、铜锣湾、斗换坪诸处添驻营汛，建淡水土城。头道溪为生番出入总路，亦建土城，以屯丁驻守。事平，加太子少保。七年，入觐，宣宗嘉其治台湾匪乱悉合机宜，迅速蒇功，赐其子慧翼官主事。

木兰陂者，创自宋熙宁间，溉民田四十万亩，筑石堤千一百余丈以御海潮，岁久倾坏，尔准道经莆田，亲勘修复。工蒇，以宋长乐室女钱创陂实功首，建祠列入祀典。尔准治闽最久，谙悉其风土人情，吏民皆相习，政从宽大，闽人安之。九年，坐失察家仆收贿，镌二级留任。十一年，以病乞休。逾年，卒，赠太子太师，赐子慧惇进士，慧翼员外郎，谥文靖，祀福建名宦及乡贤祠。

程祖洛，安徽歙县人。嘉庆四年进士，授刑部主事，荐迁郎中。谙练刑名，为仁宗所知。京察记名道府，久未外简，以截取铨授甘肃平凉知府。部臣请留，诏斥规避边远，撤销记名，留部永不外用。久之，擢内阁学士。寻授江西按察使，迁湖南布政使，调山东。

道光二年，擢陕西巡抚，调河南。教匪朱麻子由新蔡窜安徽阜阳，捕获置之法。与直隶、山东、安徽、湖北毗连诸县素多盗，拨库帑五万两生息，为缉捕经费。漳水决安阳樊马坊，河流北徙，命大学士戴均元往会勘。祖洛周历上下游，合疏言："漳水自乾隆五十九年南徙合洹以来，卫水为所遏，每致溃溢。今河流既分，不可使复合。议于樊马坊上下距洹水最近处及南岸冲决成沟，并筑土坝，使二河分流，冀减漫溢之势。"至四年春，积水消涸，地形显露。田市之北，漫水与沟隔断，不能引归正河。乃就其上游龙家庄洼地抽沟启放，复于内黄马家洼开引河，添筑田家营大坝，使溜势南趋。自是漳、卫合并之患遂息，虞城横河、惠民沟，夏邑巴清河，永城减水沟，旧为豫东宣泄潦水要区，迭经黄河漫淤，滨河连岁被灾，并疏浚之。初，河南、安徽治捻匪从重典，嗣部议有所减改。祖洛疏言："匪徒结捻，倡劫党众，一呼而集，其豫谋早在结捻之时。新例以是否豫谋分别轻重，诸多窒碍，请复旧列。"并论匪徒拒捕及捕人治罪各条。又言："获盗究出旧案，免究从前失察处分。请遵嘉庆间谕旨，俾除瞻顾。"

并从之。

七年，丁母忧，服阕，署工部侍郎。寻署湖南巡抚，调江苏。十二年，擢闽总督。命查办浙江盐务，严定裁汰浮费章程，下部议行。台湾奸民张丙、陈办等倡乱，命将军瑚松额督兵进剿，祖洛专治后路军需。十三年，提督马济胜破贼，张丙等就禽，赴台湾筹办善后事宜，劾战守不力之都司周道龙等，褫黜有差。改营制，增防守。优叙，赐花翎。疏陈福建吏治，略曰："安民必先惩蠹，不可以回护瞻顾而曲纵奸恶。闽省吏治无子惠之政，而务宽大之名，始因官之庸劣，酿成顽梗之风，今又因民之诪张，遂有疲难之势。官曰民刁，民曰吏虐，互相传播，渐失其真。官不执法，棍徒玩法。幕不守法，因而愚民犯法，书役弄法，必先惩不执法之官，然后能治犯法、弄法、玩法之人。"于是连劾官吏不职者，略无假贷，吏治始肃。已革县丞秦师韩京控提督马济胜蒙奏邀功，并讦祖洛偏袒欺蒙，命侍郎赵盛奎偕学政张鳞按鞫，白其诬，师韩遣戍新疆。十五年，疏陈闽洋形势，以漳州之南澳、铜山为藩篱，泉之厦门、金门为门户，兴化之海坛为右翼，闽安为省会咽喉，福宁之铜山为后户。巡缉守御，全资寨城炮台。就最要者四十四处，由官民捐资修筑。十六年，丁父忧去官，服阕，引疾不出。二十八年，卒，宣宗甚惜之，赠太子太保，谥简敬。

马济胜，山东菏泽人。以武生入伍，从剿川、陕教匪，积功累擢江苏抚标参将。嘉庆十八年，会剿山东教匪，擢河北镇总兵。道光初，擢浙江提督，调福建陆路提督。张丙等倡乱嘉义。台湾镇总兵刘廷斌困守孤城。济胜率兵二千渡海赴援，战于嘉义城下。大破贼，追至苹港尾，禽斩甚众。进屯盐水港，分兵搜剿，张丙及其悍党先后就禽。时命将军瑚松额督师犹未至，诏褒成功迅速。赐双眼花翎。余匪万余复来犯，俟其怠，击之大溃，禽头目赖满等，追剿尽毁其巢，贼遂平。宣宗深嘉其谋勇，锡封二等男爵。又以驭兵安靖，御书"忠勇廉明"四字赐之。召入觐，年逾七旬，犹壮健，温诏褒奖，晋二等子爵，在御前侍卫上行走。十六年，卒于官，赠太子太保，谥昭武，四子皆予官。

　　裕泰,满洲正红旗人。由官学生考授内阁中书,迁侍读。嘉庆末,出为四川成绵龙茂道,历四川、湖南、安徽按察使,湖南、陕西、安徽布政使。道光十一年,擢盛京刑部侍郎,调工部,兼管奉天府尹事。查勘科尔沁蒙旗荒地,奏禁私垦。十三年,召授刑部侍郎,寻出为贵州巡抚。十六年,古州、黎平土匪起,禽其渠徐玉贵等诛之。

　　调湖南巡抚。镇筸标兵滋事,劾总兵向遵化、辰沅道常庆不职,罢之。疏言:"苗疆屯田,嘉庆中道员傅鼐所经营,寓兵于农,筹边良策。治安日久,诸弊丛生。今镇筸标兵因借饷倡乱,苗人遂生观望。重以苗官苛刻,屯长侵欺,后患堪虞。急应清厘损益,妥定章程,俾将弁兵练咸知经费有常,绝其觊觎,仍责成镇道实力整饬,恩威并行。"寻议定苗疆兵勇不准客民充补,预借银谷限以定制,拔补备弁屯长,严绝苞苴。辰沅道缺,以湖南知府题升。并如所议行。十七年,调江西,复调湖南。

　　二十年,擢湖广总督。二十一年,湖北崇阳逆匪钟人杰作乱,踞县城,陷通城。裕泰驰驻咸宁,檄按察使郭熊飞率都司玉贵等进剿。崇阳在万山中,贼尽塞孔道,筑砦抗拒,选精锐出贼后夹攻,分股犯蒲圻,连为官军所败,踞崇阳西岭为负隅计。提督刘允孝迭败之石盘山、黑桥,进毁其巢,禽人杰及其党陈宝铭、汪敦族等。寻复通城,尽俘其孥。事平,加太子太保,赐双眼花翎。时英吉利兵由海入江,诏募勇习水战。裕泰仿粤艇造大船六、快船四,简汉阳水师,每船百人,按旬操,练裁旧有巡船,以节经费。荆州驻防每出营滋事,奏请饬地方官拘拿,报将军秉公严惩。乾州苗窜扰,剿抚解散。

　　二十九年,李沅发倡乱新宁,踞城戕官。巡抚冯德馨、提督英俊往剿,复县城。妄传沅发已死,而贼窜山中,勾结黔、粤交界伏莽,势益蔓延。冯德馨逮治,专任裕泰往督师,与黔、粤诸军合击,数捷。三十年春,搜剿山内,禽歼多名。贼窜永福草鞋塘,四面抄围,渐穷蹙。裕泰度贼不南趋广西全州,即入新宁瑶峒,令提督向荣由武冈进屯广西怀远,遇贼击破之。贼退踞金峰岭,分三路进击于深箐陡石间,斩获殆尽，沉发就禽，晋太子太傅。寻调闽浙总督，咸丰元年，调陕甘，入觐，卒，优诏以尚书例赐恤，谥庄毅。子长善，广州将军，长叙，侍郎。

贺长龄，字耦耕，湖南善化人，原籍浙江会稽。高祖上振，官湖南司狱，恤囚不隐德，贫未能归，遂家湖南。

长龄，嘉庆十三年进士，选庶吉士，授编修，迁赞善。道光元年，出为江西南昌知府，历山东兖沂曹济道、江苏按察使，就迁布政使，佐巡抚陶澍创行海运。调山东。七年，署巡抚。临清州教匪马进忠为逆伏诛，复有揭帖伪立名号，刻期举事，胪列旁县民名数百。长龄曰："谋不轨讵以姓名月日告。此移祸也。"诇知果出邀功者，欲藉兴大狱，遂置不问。调江宁布政使，乞归养亲。十五年，母丧服阕，补福建布政使，调直隶。

十六年，擢贵州巡抚。黔民苦讼累而多盗，以听断缉捕课吏，设旬报为考核。十八年，仁怀奸民穆继贤纠四川綦江匪肆劫，遣兵与川军会剿，焚其巢，首从并就歼禽。郎岱、普安、清镇诸县多种罂粟，拔除申禁，劝民种木棉，玉屏、婺川皆有成效。黔省安置流犯三千余人，与苗民错处，衅隙易生，疏请改发新疆，又以镇远、黎平、都匀、古州苗俗桀骜，以盗为生，州县差役缉捕难周，疏请绿营每百名内精选数名，分隶府、厅、州、县文员管辖。勤加训练，专司捕盗；并下部议行。

长龄治黔九载，振兴文教，贵阳、铜仁、安顺、石阡四府，普安、八寨、郎岱、松桃四厅，黄平、普定、天柱、永从、瓮安、清平、兴义、普安诸州县，皆建书院义学，省会书院分上内外三舍，亲试考核，刊刻经籍，颁行州县。

二十五年，擢云贵总督，兼署云南巡抚。汉、回连岁互斗，永昌回变败退后，复图攻城，城回谋内应，迤西道罗天池悉捕诛之。长龄亲往督剿，击走叛回，以肃清入告。二十六年，回众藉口善良不别，复叛，自请议处，撤销奖叙，赴大理、永昌督剿。匪寻窜散，请免投诚

张富罪,军犯王芝异团练出力,亦请释回,诏斥其庸懦,降补河南布
政使。二十七年,乞病归。滇回复扰云州,多属永昌遗孽,且得罗天
池滥杀状,追论长龄,褫职。逾年,卒。

　　论曰:陈若霖、戴三锡尽心民事,而三锡久任蜀疆,治效较多。
孙尔准、程祖洛先后治闽有声,宽严殊途,其相济之道乎?裕泰两殄
楚寇,勋施烂然。贺长龄儒而不武,不足以奠严岩疆也。

清史稿卷三八一
列传第一六八

帅承瀛 <small>孙远烨　弟承瀚</small>　左辅
姚祖同　程含章　康绍镛
朱桂桢　陈銮　吴其浚
张澧中　张日晸

　　帅承瀛,字仙舟,湖北黄梅人。嘉庆元年一甲三名进士,授编修,累迁国子监祭酒。先后督广西、山东学政,历太仆寺卿、通政使、副都御史,署仓场侍郎。授礼部侍郎,调工部、吏部。丁母忧,服阕,补原官,调刑部。论劾郎中宝龄娄贿状,仁宗以承瀛到官浃月,厘剔宿弊,予议叙。奉命按山西雁平道福海,陕甘总督先福,罢之。又按山东徐文诰冤狱,得平反,劾承审官吏,降黜有差。

　　十五年,授浙江巡抚。浙盐疲敝,议裁浙江盐政,归巡抚兼理,诏责承瀛整顿,疏言:“浙江运库尚无亏挪,惟多移垫。拟以报存余价追补,须足额后拨解。至收支数目,务划清纲款,即有急务,不再以内款垫支。每年回价,应许停输。向例洒带盐引,豫占年额,愈积愈多,请并停止,以纾商力。”又酌改章程十事:定盐务官制,裁盐政养廉,革掣规供应,灶课由场征解,销引先正后余引目通融行销,收支力杜弊混,枭私商私并禁,掣验改复两季,甲商酌裁节费,下部议行。浙鹾自此渐有起色。宁波、温、台诸府滨海,土盗出没,令兵船巡缉以遏其久,严诇口岸以防其内,洋面渐安。

两江总督孙玉庭上八折收漕之议,廷臣多言其不可,下疆臣覆议。承瀛疏言:"漕弊始由州县浮收,以致帮丁需索,而帮丁沿途用费亦因以渐增。迨帮丁用费愈大,需索愈多,州县迫于帮费,有难循旧例征收之势,其究耗费归之小民。由此包户侵渔,刁衿挟制,积弊至不可回。八折之议,原以去其太甚,补救目前。无如因弊立法,而弊即因法以生。诚有如廷臣所议,惟严禁官役需索,沿途之规费除,即帮丁之用费省,而州县浮收勒折之弊,亦力绝其萌,庶爱民恤丁两有裨益。"疏上,前议遂寝,清厘仓库亏缺,奏请先就现任各官次第弥补,又以浙西频遭水患,应与江苏合力疏浚,察勘形势,偕孙玉庭等疏陈两省水道原委,实共一流,请专任大员综揽全局:诏韪之,寻去官。后陶澍至江苏,乃先治吴淞江焉。

承瀛治浙数年,以廉勤著。陆名扬者,归安乡民,以抗浮收得一乡心,久为官吏所嫉,请兵掩捕,乡民集众抗拒,而名扬逸。巡抚陈若霖遽以入告,遣兵往治,久之名扬始获。承瀛初至浙,诛名扬,后乃知由于官吏之酿变,深悔之。四年,丁父艰,服阕,至京,以目疾久不愈,乃乞归。二十一年,卒于家。优诏轸惜,依总督例加恤,赐其孙远烽举人,寻祀浙江名宦祠。

远烽,成道光二十七年进士,官编修。咸丰初,上书言军事。纳赀为道员,奏留江西劝办捐输。七年,总兵李定为粤匪困于东乡,远烽募勇往援。战殁,予骑都尉世职,建专祠,谥文毅。

承瀛弟承瀚,嘉庆十年进士,由翰林院检讨历官至副都御史,方正负时誉,名亚于承瀛。殁,祀乡贤。

左辅,字仲甫,江苏阳湖人。乾隆五十八年进士,授安徽南陵知县,调霍丘。勤政爱民,坐催科不力免官,嘉庆四年,复之,补合肥,复以缉私役为盐贩殴毙狱坐夺职。寻初彭龄为安徽巡抚,荐辅人才可用。仁宗亦素知辅循名,能得民心,送部引见,复职,仍发安徽,补怀宁,迁泗州直隶州知州。河决,州境被灾,辅躬亲赈抚,民无失所。

总督百龄疏保洁己奉公,政声为一时最,以应升升用,擢颍州知府。十八年,盱眙民孙国柱诬周永泰谋逆,疆吏以闻。诏那彦成俟滑县匪平,移师会剿,檄辅先率兵往。辅力言泗州属县无邪教,单骑往按之,得国柱诬告状,大狱以息。寻捕诛阜阳教匪李珠、王三保等,予议叙。擢广东雷琼道,迁浙江按察使、湖南布政使。二十五年,就擢巡抚。

苗疆税重,又苦官役苛扰,侍郎张映汉陈其弊,命辅偕总督程若霖察治,奏减租谷二万余石,筹款买补仓储六万余石,免民、苗积逋租谷七万余石。复挑补兵勇,裁撤委员,禁差役不得入苗寨,听苗食川盐,民苗便之。长沙妙高峰有宋儒张栻城南书院旧址,康熙中移建城内,已圮,规复重建,课通省士子,疏请御书扁额,以示嘉惠士林,诏嘉许焉。

辅官安徽最久,时称循吏,晚被拔擢,数年中至封圻,年已老。三年,召来京,原品休致。十三年,卒于家。

姚祖同,字亮甫,浙江钱塘人。乾隆四十九年,南巡,召试,赐举人,授内阁中书,充军机章京,累迁兵部郎中。以纂辑《剿平教匪方略》,擢四五品京堂,补鸿胪寺少卿。历通政司参议、内阁侍读学士、鸿胪寺卿。二十年,出为河南布政使。请限制河工提款,清厘州县交代,库储顿充。

二十一年,调山西,又调直隶。严查亏空,令州县自报亏数,凡新任不得私受前任旧亏,其新亏者,勒停升补。仓谷自经饥馑,兼军需支领,荡然无余。祖同饬各属籴补数十万石。雄县、安州、高阳诸县水道淤阻,连年漫溢,并遴员治理,相机疏浚。二十二年,畿辅旱灾,重者二十有九州县。先令停征,截漕备赈,遍历灾区,劾属吏办赈不实者,发米贾囤积数十万石,责令平粜,民赖以济。二十三年,仁宗东巡,滦河涨溢,祖同督造桥工成,赐花翎。而谕曰:"是非为桥工,因汝能实心办事耳。"

二十四年,擢安徽巡抚。会河南大水,灌入涡河,下游诸县被灾,祖同乘小舟巡视赈恤。二十五年,调河南。时仪封大工未竣,黄、沁并涨,漫及马营工坝尾,祖同相机堵御。疏陈政务虽多,河工为重。学习河务,以履勘为先。宣宗初即位,命祖同每届旬以大工进占丈尺奏闻。及冬,口门渐狭,而大河冰坚,祖同亲乘小舟督工凿冰,岁杪大工始告藏。道光元年,祖同疏陈河南情形,略曰:"河工之敝坏显而易见,民生之凋瘵隐而难治。河工加价,自常赋三百六十余万外,逾额摊征。衡工未已,睢工继之。睢工未已,马工、仪工又相继接征。此外复有各处堤工随时摊征之款,民力其何以堪?请概停缓三年,以纾积困。"从之。开封护城大堤,河溢时半圮,请缮完以资保障。

二年,河督严烺奏请马营坝工抛护碎石,已奉俞允,复命祖同筹度。祖同言时当大堤放淤,遏其奔冲,既非顺水之性,伏秋盛涨,坝西水势加高,上游堤埝愈险,则河北可虞,且虑拦沁转致拦黄,于实事为未便。乃下烺覆议,卒如祖同言。初,仪工经费,自祖同严核弊窦,省帑金甚钜。迨工员报销,截长补短,蕲合成例,言官以浮冒入奏。二年,命左都御史玉麟、王鼎按之,事得白,而以八子钱五万六千余缗责祖同偿补。八子钱者,工员以杂用不敷,议以银易钱,银一两加扣八十文,祖同置弗问,卒以罣议,降补太常寺少卿。

五年,授陕西按察使。请建流芳祠以祀关中士女之死节义者。六年,诏来京另候简用。七年,授广东按察使。寻偕尚书陈若霖赴湖北察勘京山王家营堤工。未几,召授通政司副使,累迁左副都御史。十八年,以年老重听,原品休致。二十二年,卒。

程含章。云南景东人。其先佐官吏捕杀土寇,惧祸,改姓罗。乾隆五十七年举人。嘉庆初,大挑知县,分广东,署封川,坐回护前令讳盗,革职,投效海疆,屡歼获居盗,擢知州,署雷州府同知,率乡勇破海盗乌石大,迁南雄直隶州。又坐失察属县亏空,革职,寻复官。以勘丈南雄州属田亩,总督蒋攸铦疏荐,擢知府,补惠州。历山东兖沂曹道、按察使、河南布政使。

道光二年,疏言:"欲治河南,必以治河为先务。正本清源之道,在河员大法小廉,实心修筑,加意堤防,自能久安长治。"宣宗韪其言,命每届汛期,赴工稽查工料及工员才否。擢广东巡抚,入觐,面奏请复姓,许之。调山东,又调江西。修筑德化诸县被水圩堤,设义仓,行平粜。

四年,召署工部侍郎,治直隶水利,上疏略曰:"雍正、乾隆间四次兴大工,皆历数年蒇事,费帑数百万,自此畿内无水患者数十年。迨嘉庆六年后,河道渐淤。道光二三两年淫雨,被水者多至百余州县。治水如治病,必先明病之源流,急则治标,缓则治本。循天下经验之良方,参今时变迁之证候,然后疾可得而治也。天津为众水出海孔道,诸减河皆所以泄水入海。东淀回环数百里,大清、子牙、永定、南运、北运五大川流贯其中。西淀容纳顺天、保定、河间三府二十余河之水,南北两泊容纳正定、顺德、广平三十余河之水,各有河道为传送之区。今则消泄之尾闾无不阻塞,停蓄之腹部无不浅溢,流贯之肠无不壅滞,收纳之脾胃无不平浅,传送之机轴无不淤积,吐纳之咽喉无不填阏,流通之血脉无不凝滞,加以堤埝、闸坝、桥梁无不残缺,淫潦一至,辄虞泛溢。此畿辅水道受病之情形也。伏思直隶河渠淀泊,前代不闻大患。自康熙三十九年以后,乃恒苦水潦,则永定、子牙二浊河筑堤之所致耳。孙嘉淦有言,永定、子牙向皆无堤,泥涂得流行田间,而水不淤淀。自永定筑堤束水,而胜芳、三角淀皆淤。自子牙筑堤束水,而台头等淀亦淤。淀口既淤,河身日高,则田水入河之道阻,于是淀病而全局皆病。即永定一河,亦已不胜其弊,总因浊水入淀,溜散泥沉,以致斯疾。此又畿辅水道致病之根原也。永定河自筑堤以来,于今百有余年,河身高出平地一丈有余,既不能挑之使平,又不能废堤不用,知痼疾所在,无术可治。亦惟见病治病,多开闸坝以分其势,高筑堤埝以御其冲,使不致溃决为害而已。至通省全局工段繁多,自不能同时并举。惟有用治标之法,先将各河淀挑挖宽深,取出之土即以筑堤,使洼水悉得下注,然后廓清中部。俟大端就理,仍用治本之策,诸州县支港沟渠,逐一疏

通,俾民间灌溉有资,旱潦有备,三五年后,元气渐复。此又办理之
先后次第也。造端宏大,倍于乾隆时,与其缓办费多,不如速办费
少,计非一二百万所能成事。请饬部宽筹经费,庶不致有无终。”又
疏陈应修各工,略谓:“治水在一‘导’字。欲治上游,先治下游,欲治
旁流,先治中流。挑贾家口以泄永定、子牙、北运、大清四河之水,挑
西堤头引河以泄塌水淀之水,挑邢家坨以泄七里海之水。另开北岸
一河以分鄨口之势,修复减河以宣白、榆之源,挑浚三河头水道,添
建草坝,为东淀之扼要,挑浚马道河、赵北口水道,为西淀之扼要。
十二连桥横亘淀中,亟应兴修以利往来。修复增河,分白沟上游之
势,修复窑河,分白沟下游之势,则水得就下之性,支派旁流,乃可
次第导引。”疏上,并被嘉纳。实授工部侍郎。寻调仓场侍郎。

五年,授浙江巡抚。六年,以病辞职,上以含章精力未衰,不许,
调山东。七年,因浙江巡抚刘彬士治盐操切,密疏劾其不职,命总督
孙尔准按治不实,诏斥含章听之不根之言,无端入告,解职严议。彬士
亦劾含章提用商纲银,额外滥支,漏追余款等事。含章疏辨,命总督
琦善、学政朱士彦按之。诏以提用纲银,归还捐垫,仅属见小,而先
发妄奏之咎重,念其居官尚好,降补刑部员外郎。八年,授福建布政
使,以病乞归。十年,卒。

康绍镛,字兰皋,山西兴县人,江西广信知府基渊子。嘉庆四年
进士,授兵部主事,充军机章京。累迁郎中,擢鸿胪寺少卿。十八年,
滑县教匪起,绍镛随扈,以畿辅、山东、河南地形险易,将帅贤否,各
镇兵籍,列册进御,受仁宗知。会有大名民人司敬武等十余人佣工
热河、锦州,闻畿南寇起,驰归,过山海关,关吏执之,诬其预闻逆
谋,命绍镛偕内阁学士文孚往鞠,白其诬释之。劾副都统以下,谕如
律。历通政司参议、大理寺少卿。

十九年,出为安徽布政使。值大水,被灾者四十余州县,仓谷缺
乏,库储不给,劝绅商输资各恤其乡,与官赈并举,灾民赖之。二十
三年,就擢巡抚。宿州、灵璧以睢河堤堰崩圮,比年患水,绍镛亲往

相视，奏请修复。又筑无为州黄丝滩临江堤千二百余丈。先后捕获凤、颍等府土匪五十余人，置诸法。二十四年，调广东巡抚。

道光元年，诏各直省清查陋规杂税，绍镛疏陈，略曰："广东州县所资办公，专在兵米折价。因产谷少，民间皆原折纳，相沿已久。在驯谨良民，向依旧规完纳，而刁生劣监，不能无抗欠。有于正数之内丝毫无余者，更有于正赋之内收不足数者，州县往往以赢补绌，自行偿补。今若定为折收额数，则所浮之价，悉为应输之额，其挂欠代偿，恐较前益甚。况贪官污吏，视所加者为分内应得之数，以所未加者为设法巧取之数。雍正时将地丁火耗酌给养廉，议者谓正赋之外又加正赋，将来恐耗羡之外又加耗羡。八九十年以来，钱粮火耗，视昔有加，不出前人所虑。兵米折价，与之事实相近。即能明察暗访，坚持于数年之间，断难远虑周防，遥制于数十年之后。至杂税及舟车、行户、盐当、规礼等款，名目不一，或此有而彼无，或此多而彼寡，愿者减其数以求悦，黠者浮其数以取赢。究之浮者即浮，数已定而难改。减者非减，事甫过而仍加。此时豪发未尽之遗，即将来积重难返之渐，其中更有强狡之徒，向不完纳平余，致馈规礼。今以案经奏定，在有司视为当然，在小民视为非旧，两相胁制，互为告讦。既不能指为官吏分外婪索，予以纠弹，又不能因民间不缴陋规，惩以官法：宽严两穷。是杂税诸项之难于清厘，较兵米折价尤甚。且各项所入，既名陋规，逐款胪列，上渎圣听，于国家体制，亦殊未协。事有窒碍，不敢不据实密陈。"疏入，与两江总督孙玉庭所议同，其事遂寝。

二年，召署礼部侍郎。丁母忧归，服阕，授广西巡抚。禁土司科派扰累，惩土民刁讼者，缉治逸匪，边境稍安。五年，调湖南，编查洞庭湖渔船，以军法部伍之，盗无所容。沣州诸湖，上承澧水，下泄洞庭，两岸悉垸田，地低下，泄水不畅，檄道府率属履勘疏浚，得可耕田万四千余亩，奏蠲淤田赋万一千余亩，从之。九年，入觐，而陈苗疆设立苗弁额数过多，倚势虐使苗人，易激事端，请酌其可并省者，缺出不补，总督意不合，格不行。十年，召授光禄寺卿。寻值京察，以在湖南任内废弛,降四品顶戴,休致。十四年,卒。

朱桂桢,字干臣,江苏上元人。嘉庆四年进士,授吏部主事。累擢郎中,迁御史。二十一年,出为贵州镇远知府。镇远民、苗杂居,无纺绩之利,募工教织,于是始有苗布。大旱,民饥,急发库藏平粜施粥,郡无殍人。事毕,自请擅动库帑之罪,民感其惠。次年,岁稔,争酿金还库。黄平州有盗,或告变,单骑临之,呼众缚为首者出,不戮一人,戍五人而已。兴义苗哄,大吏已勒兵,桂桢曰:"此苗忿民欺,保不为变。"使人开谕,果服。在任三年,治行称最,擢陕西潼商道。历浙江按察使,甘肃、山东布政使。

道光三年,擢山西巡抚。丁父忧,服阕,署礼部侍郎,授仓场侍郎,严治花户侵渔。初行海运,奏定漕粮到天津起卸拨运收贮章程,清核于到坝之先,慎重于入仓之后,著为令。九年,迁漕运总督。疏言:"漕政之艰困,由于旗丁疲累,而水手多系无业游民,性成强悍,无以恤其力而服其心,宽猛皆无当,欲其不滋事甚难。惟密诇于未然,而重绳其既往。请责成督运官弁,遇有滋事者,立时拿办者免议,日久无获者重处。"时漕弊已深,桂桢力加整顿,必究弊源,不为苛刻,群情翕服。

十一年,调广东巡抚,却洋行陋规,遇事执法,外商独严惮之。每有勾捕,不动声色,临事集官弁,曰往某所,间里不扰,莠民敛迹。以俭素率属,一日微服勘灾归,至西关,见千总舆从甚盛,叱止之,千总叩头表罪乃已。惠、潮两郡多械斗,数兴大狱,痛绳以法,稍辑。创议诸郡山场荒地,援雷、琼例,给照听民垦种。设乡约义塾,教养兼施,以弭匪僻。诚僚属慎刑狱,治民以无冤滥始,每届秋谳,多所平反。十三年,以病乞归,宣宗时时询其病状,冀其出。二十年,卒,诏嘉"居官清正,勤政爱民",依总督例优恤,赐其子镇举人,谥庄恪,祀镇远名宦祠。

陈銮,字芝楣,湖北江夏人。嘉庆二十五年,一甲三名进士,授编修。道光五年，出为江苏松江知府。创行海运，銮驻上海，多所赞助。署江宁，值下河诸县水灾，流民劫掠，预设防禁。设赈厂郊外，议宜散不宜聚，分各县留养，大县二千人，小县千人，赈毕资遣，竟事无哗。调苏州，历苏松太道、江西粮道、苏松粮道、广东盐运使、浙江按察使，署布政使。水灾治赈，亲勘灾湖州，谘访土人，知湖高于田，浃港宣泄不畅，规建堤防，修筑堘岸，以保田畴。十二年，迁江西布政使，调江苏，护理巡抚。

銮自为诸生时，两江总督百龄辟佐幕，历官江苏最久，周知利病。会陶澍、林则徐先后为督抚，百废俱举，凡治漕、治运，浚吴淞江、刘河、白茆河，修宝山、华亭海塘，銮并在事，澍、则徐皆倚如左右手。十六年，擢江西巡抚。明年复调江苏。十九年，陶澍以病解职，代署两江总督。方严烟禁，筹海防，甚被倚畀。疏言："自嘉庆以来，乡曲细民多受邪教诱胁，为风俗人心之害，由于正教不明。请敕儒臣阐明《圣谕广训》，黜异端之旨，撰为韵言，布之乡塾，俾士民童年诵习，以收潜移默化之效。"特诏允之。是年冬，卒于官，赠太子少保，依尚书例优恤。赐其子庆涵举人，子庆滋，光绪中官至江西按察使。

吴其濬，字瀹斋，河南固始人。父烜，兄其彦，并由翰林官至侍郎，屡司文柄。其濬初以举人纳资为内阁中书。嘉庆二十二年，成一甲一名进士，授修撰。二十四年，典试广东，其彦亦督顺天学政，词林称盛事。道光初，直南书房，督湖北学政，历洗马、鸿胪寺卿、通政司副使，超迁内阁学士。十八年，擢兵部侍郎，督江西学政，调户部。二十年，偕侍郎麟魁赴湖北按事，总督周天爵嫉恶严，用候补知县楚镛充督署谳员，制非刑逼供，囚多死，为言官论劾，大冶知县孔广义列状讦之，讯鞫皆实，复得楚镛榷盐税贪酷，及天爵子光岳援引外委韩云邦为巡捕事，天爵论褫职戍伊犁，革光岳举人，镛荷校，期满发乌鲁木齐充苦役，巡抚伍长华以下降黜有差。命其濬署湖广总督，寻授湖南巡抚。

二十二年，崇阳逆匪钟人杰作乱，进窥巴陵，其浚偕署提督台勇赴岳州防剿，檄镇篁兵分布临湘、平江诸隘，其浚移驻湘阴，贼袭平江，击却之。及人杰就禽，余党窜湖南者以次捕诛，被优叙。部议裁冗兵，其浚疏言："湖南地逼苗疆，人情易扰。裁者无多，徒生骄卒之疑，而启苗、瑶之伺。"总督裕泰寻定议苗疆近地并仍旧额。二十三年，调浙江，未行，武风匪徒聚众阻米出境，戕知州，捕治如律。奏请于洪崖洞设巡卡，编保甲，以靖祸萌。寻调云南巡抚，署云贵总督。二十五年，调福建，又调山西，兼管盐政，奏裁公费一万两，严捕烟贩，时称其清勤。二十六年，乞病归，寻卒，赠太子太保，照例赐恤。寻复以其浚在山西裁革盐规，洁己奉公，特加恩子孙以彰清节：子元禧主簿，崇恩知县，荣禧通判，皆即选，又赐其子承恩、洪恩及孙樽让举人。

张澧中，字兰沚，陕西潼关人。嘉庆二十二年进士，授刑部主事，充提牢厅，累迁郎中。执法明允，数从大臣谳狱黑龙江、奉天、江南、山东。道光十二年，出为直隶大顺广道。奸民倡无生教惑众，澧中率兵役探其巢穴，得图卷及名册，悉焚之，归正者概不株连。署按察使，迁福建按察使。署布政使，授直隶布政使，未之任，调山西，署巡抚。二十年，擢云南巡抚，于刑狱尤矜慎。二十三年，召署刑部侍郎，寻实授。

二十七年，河南荐饥颁库帑百万，命澧中偕尚书文庆治赈务。至，即饬查造丁口，按册抽查户口。调取藩库戤抽查赈银，令州县按旬具报钱价，以备考核，劾冒赈之考城令及造报舛错各员。

寻授山东巡抚。清查交代，定追赔章程，考察镇道等官失察盗案多寡，分别劾议。严责捕盗，先后获匪盗七百余名，治如律。疏言："山东地广民稠，一遇歉岁，曹州之捻匪，沂州之袱匪、幅匪，武定、临清属之枭匪，聚众每至百余人，随地裹胁，蔓延不已。群匪多起于曹、沂，而兖、济受害为尤甚。地方官辗转稽延，不能即正典刑，匪徒遂无顾忌。惟官不以盗为事，民始敢与盗通声气。奸厥渠魁，胁从自散。即牧令中亦非无长于缉捕勇敢任事之员,惟大法则小廉,人存则政举。凶匪之横行,咎在牧令。牧令之不职,责在上司。"诏嘉勉之。寻卒,依侍郎例赐恤。

张日晸,贵州贵筑人。嘉庆二十二年进士,选庶吉士,授编修。道光九年,出为四川叙州知府,调成都。日晸勤于吏职,刻树桑百益书以劝民蚕,创"励节堂"以赡节妇贞女之无依者。政暇,招诸生于署,讲析经义、语录。郡属马边、屏山等厅县,毗连猓夷,令附近居民建修碉堡,编联保甲,民赖以安。擢建昌道。十九年,越巂、峨边夷匪滋事,偕总兵包相卿督兵平之。招复逃亡,编集练勇,修筑碉堡,于要隘建城,以资保障。迁浙江盐运使,再迁湖北按察使,调四川。治狱平恕,不以平反矜能,遇有疑窦,饬另缉改办,告戒属吏以哀矜为重。迁河南布政使。河决中牟,值祥符工甫竣,两次灾区二十五州县,附省灾尤重。每驰诣赈所监视。于郊外隙地捐俸构屋,安戢灾黎,遂成村聚。二十六年,擢云南巡抚,未之任,丁母忧。服阕,仍授云南巡抚。勤于察吏,免铜厂民欠工本银六千余两。在任一年,卒,祀四川、云南名宦祠及乡贤祠。

论曰:宣宗以恭俭为治,一时疆臣多清勤之选。帅承瀛等或由卿寺受知,或以守令拔擢,虽间有旋倨旋起、晚置闲散者,其猷为要并可观焉。朱桂桢实心实政,治绩称最,独膺易名之典,盖非幸云。

清史稿卷三八二
列传第一六九

瑚松额　布彦泰　萨迎阿

瑚松额,巴岳忒氏,满洲正黄旗人,西安驻防。嘉庆初,以前锋从将军恒瑞剿湖北教匪,后隶那彦成、德楞泰部下,积功擢协领。十八年,滑县教匪起,瑚松额率马队从副都统富僧德战道口及滑县城下,屡有功,赐花翎。二十年,擢福州副都统,署福州将军。

道光三年,授察哈尔都统。五年,擢成都将军。乾隆中,西宁玉舒巴彦囊谦千户分三百户与其弟索诺木旺尔吉为小囊谦,由德尔格忒土司居间调处,办事大臣断定。既而索诺木旺尔吉之子诺尔布不能服其属户,大囊谦欲兼并之,诺尔布诉于德尔格忒土司。大囊谦复以土司有欺凌小囊谦情事,互控不已,下瑚松额按之。奏请仍遵原断,大囊谦不得觊觎属户,德尔格忒土司亦毋预邻封事,以杜争端,事乃定。七年,署四川总督。九年,调吉林将军。会宣宗东巡,扈跸,校射,中三矢,赐黄马褂。十年,母忧回旗。寻署盛京将军。

十二年,命偕尚书禧恩督师剿湖南瑶匪赵金龙,至则金龙已就戮,其党赵青仔率余匪首邓三、盘文理等。瑶众投诚,全境肃清,赐双眼花翎,予一等轻车都尉世职。命署福州将军,台湾土匪张丙等作乱,授为钦差大臣,偕参赞哈哴阿赴剿。及抵福建,提督马济胜已擒匪首,台湾略定。十三年春,命仍渡台搜捕余党,擒各路匪首二十余人,贼党三百余人,分别置之法,械送张丙、陈办、詹通、陈连至京诛之,加太子太保,复调成都将军。十四年,峨边、马边夷匪勾结焚掠,提督杨芳击毙夷目,以肃清入奏。既而夷复滋扰,瑚松额以芳办理未善,劾罢之。自请议处,降一级留任。

十五年,授陕西总督。疏陈兵丁骄纵,应加意训练驾驭。又密陈吏治情形,优诏嘉纳。十七年,京察,诏嘉其不露锋芒,细心任事,予议叙。西藏堪布入贡,为四川番匪劫掠。瑚松额捕贼数十人,得赃物,奏请贡道改由柴达木,由青海大臣遣兵护送。又以野马川地连野番,请于大通河北岸立栅,山崖筑设墩卡,派兵防守,提标前后二营厂马合并,以厚兵力,并允行。二十一年,因病请开缺,寻致仕,许食全俸。二十七年,卒,赠太子太傅,赐恤,谥果毅。

布彦泰,颜扎氏,满洲正黄旗人。父珠尔杭阿,嘉庆初,官镶黄旗满洲副都统,以军功予骑都尉世职。布彦泰由荫生授蓝翎侍卫,袭世职。荐升二等侍卫。二十三年,充伊梨犁队大臣。道光初,擢头等侍卫。历喀什噶尔参赞大臣、办事大臣伊梨领队大臣,乌什办事大臣。九年,授喀什噶尔总兵,病归。十年,予副都统衔、乾清门行走,充哈密办事大臣,调西宁办事大臣。将军玉麟荐其习边事,调伊犁参赞大臣,再调塔尔巴哈台参赞大臣。十四年,复以病归。十八年,署正蓝旗汉军副都统,擢察哈尔都统。

二十年,授伊犁将军,入觐,命在御前行走。及赴任,授镶黄旗蒙古都统。二十二年,疏陈开垦事宜,略言:“惠远城三棵树地方可垦地三万余亩,请就本地民户承种输粮。阿勒卜斯地方可垦十七万余亩,请责成阿奇木伯克等筹计户口,酌量匀拨。”至二十四年,疏报塔什图毕等处开垦叠著成效,诏嘉其“忠诚为国,督率有方”,加太子太保。又命会勘乌鲁木齐未垦之地,及各城旷地,一律兴办。寻疏言:“惠远城东阿齐乌苏废地,前任将军松筠奏拨八旗余丁耕种,因乏水,不久废弃。今欲垦复,必逐渐开渠,极东且须引哈什河水,方可用之不竭。经营浩费,较前次各案不啻数倍。见委员勘估,又以伊犁历届捐垦成案,皆系收工而非收银。盖办工以工为主,计银不如计工之直捷,亦不如计工之核实。此次用夫匠五十三万四千工,实垦得地三棵树、红柳湾三万三千三百五十亩,阿勒卜斯十六万一千余亩。荒地之开垦成田,由于渠工之开通水利,故不能划出某顷某亩为某员所捐办者,仍请免其造册报销。"从之。时前两广总督林则徐在戍所,布彦泰于垦事一以谘之,阿齐乌苏即由则徐捐办。事既上闻,命布彦泰传谕则徐赴南路阿克苏、乌什、和阗周勘。布彦泰疏留喀喇沙尔办事大臣全庆暂缓更换,与则徐会勘。凡历两年,得田六十余万亩,事具《全庆传》。

二十五年,授陕甘总督。青海番匪连年肆扰,自二十三年总督富呢扬阿奏报进剿,驱回河南,实仅邀番僧赍抚,约不北犯。次年,复扰河北,掠凉州营马匹,戕守备。富呢扬珂诿称匪乃四川果克黑番,大雪封山难剿,而西宁镇总兵庆和出口会哨,又遇贼被戕。惠吉继任总督,檄提督胡超进剿。肃州兵不听调,哗噪,胡超不能制。惠吉筹办未有绪,殁于任,乃以布彦泰代之,未至,命林则徐先署总督,并授达洪阿西宁办事大臣,同治其事。二十六年,布彦泰抵任,奏劾胡超畏葸,罢之。又论总兵站住攻剿不力,褫职遣戍。达洪阿率兵剿平番庄,惟黑错寺匪众抗拒,攻下之。又破果岔贼巢,拉布楞等寺僧收合四沟散番乞降,事乃定。布彦泰以调度有方,被优叙。亲巡边隘,疏陈西宁地势在河为固,扼险设备,请于哈拉库图尔之南山根、南川营之青石坡,移建营堡,黄河北岸头岱、东信、忙多各渡口设卡,又奏复防河旧章,安置营汛,并如议行。

二十七年,安集延布鲁特纠合回子围喀什噶尔、英吉沙尔,诏布彦泰率兵赴肃州,授为定西将军,奕山为参赞大臣,将大举出师。会奕山率边兵战捷,贼退,二城解围,军事告竣,布彦泰回任。二十九年,因病请罢,许之。时为固原知州徐采饶等所讦,命协办大学士祁寯藻往会总督琦善按之,坐关防不密,清查歧误,及失察家人,议降调革任。寻予二等侍卫,充叶尔羌帮办大臣,调伊犁参赞大臣,偕将军奕山会议俄罗斯通商事宜,语详《奕山传》。咸丰二年,授正白旗汉军副都统,仍留边任。四年,回京,命赴王庆寯军营,以疾未行,请开缺。光绪六年,卒,年九十。诏念前劳,依都统例赐恤。

萨迎阿,字湘林,钮祜禄氏,满洲镶黄旗人。嘉庆十三年举人,兵部笔帖式。擢礼部主事,荐升郎中。道光三年,出为湖南永州知府,调长沙。历山东兖沂曹道、甘肃兰州道。七年,就迁按察使。以治回疆军需,赐花翎。六年,擢河南布政使,未任,予副都统衔,充哈密办事大臣。调喀喇沙尔办事大臣。十年,安集延扰喀什噶尔边卡,萨迎阿赴土尔扈特、霍硕特召兵赴援,又襄治南路粮运。授盛京工部侍郎,兼管奉天府尹事。十一年,留京署镶白旗汉军副都统,充乌什办事大臣。历哈密办事大臣、叶尔羌帮办大臣,仍调哈密办事大臣。十五年,授盛京礼部侍郎,兼管府尹事,调户部。二十年,召授礼部侍郎,兼镶红旗汉军副都统,调户部,兼管钱法堂。二十三年,擢热河都统。

二十五年,授伊犁将军。乌鲁木齐兴办喀喇沙尔渠道堤坝,下萨迎阿筹议。疏言:“喀喇沙尔城西开都河,道光十七年,筑护堤,有屯田头工、二工两渠,自裁屯安户后,又于上游大河开一大渠,嗣头二工又各添新渠,共有五渠。上年大水,各渠口冲塌,护堤亦坏。今拟挑浚北大渠,接长二千三百丈,其长九千丈,修筑龙口石工,外设木闸,自龙口至坡心滩嘴,筑碎石长坝四十余丈,中设泄水闸,随时启闭,接长旧堤三十余里,至北大渠口为止。其余诸渠挑浚深通,庶期经久。”又言:“吐鲁番掘井取泉,由地中连环导引,浇灌高田,以备渠水所不及,名曰闸井,旧有三十余处。现因伊拉里克户民无力,饬属捐钱筹办,可得六十余处,共成百处。”寻以开垦挑渠办有成效,萨迎阿履勘,筹议招种升科。疏言:“垦地在渠水充盈,用有余裕,升科不必求急,期实有裨益,行之久长。新疆水利,泉水少而雪水多,雪水之迟早无定,收获之丰歉难齐,请援镇、迪旧例,减半升科。”下部议行,英吉沙尔领队大臣齐清额误听伯克言,诬指回子胡完为张格尔逆裔,萨迎阿平反之,诏嘉其详慎。

二十七年,安集延布鲁特回众入卡,围喀什噶尔、英吉沙尔二城,萨迎阿檄调诸城兵往剿,叶尔羌参赞大臣奕山率诸军由巴尔楚克进,三战皆捷。萨迎阿别遣兵扼树窝子,二城围寻解。时方命陕甘总督布彦泰督师,未出关而事平。咸丰元年,召授正白旗满洲都统,会陕甘总督琦善剿青海番匪,言官劾其妄杀,命萨迎阿赴西宁按之,奏调刑部司员梁昭、奎椿、武汝清随同鞠讯,得番子十四名无辜诬服状,疏陈琦善剿办黑城撒拉回子及黄喀洼番贼,尚非无故兴师,惟将雍沙番族杀毙多名,实系妄加诛戮,并及文武妄拿、刑求逼供,诏褫琦善职,逮京讯治,命萨迎阿暂署陕甘总督。

甘肃营务废弛,虽议整顿,而番匪复出扰。新授福建巡抚王懿德途经金县,士民呈控,奏下萨迎阿察治,屡被诘责。二年,解任回京。自琦善之逮治也,刑部尚书恒春以萨迎阿论劾过当,欲令原讯司员对簿,独侍郎曾国藩持不可。及廷臣会讯谳上,琦善遣戍吉林,司道以下文武论罪有差,被诬番子免罪,略如原谳。萨迎阿坐未取应议各员供词,遽行拟罪,又因子书绅与司员同坐问供,下部议,书绅降三级调用,萨迎阿降四级留任。历署镶蓝旗、正红旗蒙古都统。六年,出署西安将军。逾岁卒,诏念回疆军务曾著劳绩,赐恤,谥恪僖。

论曰:瑚松额,川、陕旧将,屡任专征,虽无赫赫功,尚持大体,晚膺疆寄,称厥职焉。布彦泰新疆开垦,西宁平番,胥赖林则徐之擘画。萨迎阿平反番狱,持正不阿,而治番亦无良策。盖番族生计无资,营伍废弛已久,议剿议抚,补苴一时。林则徐谓治番自古无一劳永逸之计,亦慨乎其言之也。

清史稿卷三八三
列传第一七〇

张文浩　严烺　张井
吴邦庆　栗毓美　麟庆
潘锡恩　子骏文

张文浩,顺天大兴人,入赀为布政司经历,投效东河。工竣,发南河,嘉庆十年,授山清外河同知,屡以河溢夺职,寻复之,补外河南岸同知。十九年,河督吴璥奏调赴睢工委用,擢署淮海道。二十四年,河溢仪封,复决武陟马营坝,调办马营坝工,工竣,赐花翎。仪封决口犹未塞,仁宗以吴璥年老,命文浩署河东河道总督,专驻工次。疏陈筑坝挑河估银四百五十万,报可。工竣,晋二品顶戴,兼兵部侍郎衔。道光元年春,钦天监奏彗星出东壁,分野在卫地,占主大水,敕文浩防范。侍郎吴璥请加高河堤,文浩疏言:“河滩高下不齐,长堤千余里,未能一律增高,请加子堰二三尺。”从之。实授河道总督。

三年,丁母忧,服未阕,以畿辅连年水患,召署工部侍郎,偕三品卿继昌勘南北运河及永定河漫溢。诏继昌还,文浩驻工会办。工竣,与总督蒋攸铦合疏陈:“直隶河道漫水未涸,无从查勘,考询各处堤埝,无不堙塞残废。每年二月方可动工,五月即须停止,工繁时促,断难同时兴作。请于来岁春融,周历履勘,分别缓急估办。”又言:“永定河为患,固由下口不能畅流,亦由上游无所宣泄。请修筑重门闸,添设减水坝。又近年河流每多侧注北岸,宜添筑越堤以为重障。"

四年春,授江南河道总督。其秋,粮艘回空,黄河高于清水,停阻河北者数月,诏切责,降三品顶戴,命设法蓄清以资浮送。十一月,始全数渡黄。会洪泽湖涨水未消,高堰十三堡堤溃万一千余丈,山盱、周桥、悉浪庵亦过水八九尺,各坝漫溢。宣宗怒,褫文浩职,命尚书文孚、汪廷珍驰勘,劾文浩御黄坝应闭不闭,五坝应开不开,蓄清过旺,以致溃决。命于工次枷号一月,遣戍新疆。回疆军事起。随营效力,事平,请释回,不许。十六年,卒于戍所。

严烺,字小农,浙江仁和人。嘉庆中,入赀为通判,发南河,累擢徐州道,丁母忧。道光元年,服阕,授河南河北道。寻命以三品顶戴署河东河道总督。三汛安澜,乃实授。汶水漫决既塞,疏言:"运河北路以蓄汶敌卫为最要机宜,必使汶水层层抬高,然后能敌卫水。请加高临清口砖闸资收蓄。"从之,初,黎世序治南河多用碎石,乃奏请敕东河仿行,烺取其说,请于马营北岸挑坝,仿南河抛护碎石,估工需银十万两。布政使程含章、巡抚姚祖同先后言其不便,而马营既放淤,坝前水势已缓,烺仍请于坝尾沁水灌注之所抛护碎石,从之。

四年,南河高家堰溃决,调烺江南河道总督。五年,与尚书文孚、汪廷珍合疏陈:"蓄清敌黄为河务第一关键。蓄清全赖湖堤,堤溃则清水泄枯,重运经临,无以资浮送。拟遵古人成法,借黄济运。所虑运河窄小,黄流湍悍,多则不能容纳,少则必致胶浅。议于御黄坝外建坝三道,钳束黄流,俾有节制。又添筑纤道,以资束水行纤。里、扬两厅长河挑挖淤浅,帮培堤身,并豫储料物,随时筑坝,逼溜刷淤。御黄坝未启,则先挑高堰引河,导清水入运。将启,则严堵束清,江黄水入湖。至修复湖堤,必乘天寒水涸,取土较易。拟就近采料,限大汛前砌高十层,备湖水渐长。共需帑银三百万。"又议覆侍郎朱士彦条上南河事宜,大要:"拆修高家堰坝工,先筑越坝以便工作，并于石堤外抛碎石坦坡，可期永无塌卸。又于王家坝减坝内盐河加筑堤埽，及仁、义、礼旧坝处所添建石滚坝，以防异涨。"并如议行。于是偕孙玉庭等会办重运。至五月御黄坝启放后，河道仍浅滞，漕船不能通行，就近盘坝，剥运难继，玉庭被重谴，烺亦镌级留任。

烺既因济运事不敢擅离，不能巡河勘工，两江总督琦善以为言，乃命烺周历履勘，仍谕蓄足清水，为来年敌黄济运之计。烺疏言："从前黄河底深，湖水收至数尺，即可外注，堤身不甚吃重。今则湖水必蓄至二丈，始可建瓴而刷黄。以四百里浩瀚之湖水，恃一线单堤为之护，西风冲击，势必溃决。拟仿成法，于堤外筑碎石坦坡，护堤既固，则湖水可蓄。"又偕琦善奏陈："刷黄必须湖水收至二丈，上年湖水丈七寸余，即致失事。刻下清水万难蓄足，惟有蓄清减黄二法并行。碎石护堤，所以蓄清。改移海口，所以减黄。"诏妥筹具奏。寻又会陈："由王营减坝至灌河口，可导黄入海。查灌河口外海滩高仰，转无把握，惟抛碎石坦坡，可渐收蓄清刷黄之益，需费六百余万，应分年办理。"

六年，洪湖石工既竣，烺知工未坚固，实不足恃，遂坚主碎石之上，每年抛石三十万方，八年始能告成。宣宗怒斥："烺调任以来，一筹莫展。御黄坝至今不能启放，办理不善。念在东河修守尚无贻误，降三品顶戴。"署河东河道总督，七年，实授，复二品顶戴。以兰阳柴坝西北顶冲，前抛碎石已著成效，遇伏秋汛涨，仍形吃重，请加坦坡。八年，请续抛下北、兰仪两厅碎石，并于中河、祥河险工储石备防。十一年，命侍郎钟昌等抽查东河料垛，祥河、曹考两厅料垛虚松残朽，烺坐失察，降三品顶戴，镌四级留任。寻以病请开缺。

十三年，病痊到京，疏陈浙江海塘事宜。十四年，命偕侍郎赵盛奎往勘，请分别缓急，改修柴埽，以护塘根，岁拨银五万备修费，从之。寻命毋庸在工督办。复以病乞归。十五年，河东河道总督吴邦庆劾烺虚抛碎石，并收受红封盘费，以运同降补。二十年，卒。

张井，字芥航，陕西肤施人。嘉庆六年进士，以内阁中书用，改知县,铨授广东乐会。引见,特命河南正阳,调祥符,迁许州直隶州知州。襄办马营坝大工,加知府衔,署汝宁知府。道光四年,擢开归陈许道。寻以三品顶戴署河东河道总督。五年,秋汛安澜,乃实受。增培黄河两岸堤工,并修泉河堤,浚各湖斗门引渠,疏陈河工久远大计,略曰:"今日之黄河,有防无治。每遇伏秋大汛,司河各官奔走抢救,竭蹶情形,惟日不足。及至水落霜清,则以目前可保无虞,不复求疏刷河身之策。渐致河底垫高,清水不能畅出,并误漕运。又增盘坝起剥及海运等费,皆数十年来斤斤于筑堤镶埽,以防为治,而未深求治之之要有以致之也。当此河底未能疏浚之时,惟仍守旧规,以堤束水,而水不能攻沙,河身日形淤垫,必得有刷深之方,始可遂就下之性。"宣宗题其言,命偕两江总督琦善、南河总督严烺、河南巡抚程祖洛筹议,遂赴南河会勘。

六年,疏言:"黄河病在中满,淤垫过甚,自应因势利导。拟仿前大学士阿桂改河避险之法,导使绕越高淤,于安东东门之北别筑新堤,以北堤改作南堤,中间抽挑引河,傍旧河而行。至丝纲滨以下,仍归海口,无淤滩阻隔,似可畅顺东趋。去路既畅,上淤必掣深,得黄与清平,立启御黄坝,挑逼清水畅出刷黄,自有建瓴之势。"诏嘉其有识,调江南河道总督,与总督琦善及副总河潘锡恩会议。以改河避淤,口门有碎石阻遏,诸多窒碍,请开放王营减坝,以期减落黄水,刷涤河身。从之。

既而给事中杨煊奏:"启放减坝,黄流湍急,盐河势难容纳,恐滋流弊。"援嘉庆间减坝两次漫口情形为证。复不详议。井言:"煊稽考成案,于今昔情形似未周知。昔年开坝漫口时在五月,本年启放定在霜后,来源无虑续涨。惟现据委员禀称,去路未见通畅,是煊所奏不为无见。因思启坝时水势或可畅达,堵合后全河仍必抬高,恐徒深四邑之灾,无补全河之病。请仍改河避淤。"上斥井持论游移,不许。是秋,开放减坝,如期堵合,被褒叙。七年,春汛,黄水倒漾,仍高于清水,御坝骤难启放,漕船倒塘灌运,自请治罪,降三品顶戴。命大学士蒋攸铦、尚书穆彰阿往勘。会黄水低落,启御坝,运船幸得全渡。诏斥并急于求功,泥于师古,革职留任,以观后效。

八年,疏陈要工四事:黄河接筑海口长堤,并于下游多筑埽坝以资刷掣。洪泽湖添建滚坝,加宽湖堤。南运河移建昭关坝,加帮两岸纤堤。北运河修复刘老涧石滚坝,补还南岸纤堤。命都统英和会同蒋攸铦查勘,以添筑埽坝不能疏通积淤,海口筑堤可从缓办,余如议行。九年,以两届安澜,复二品顶戴,谕相机规复河湖旧制。疏言:"南河利害,全系清江,必清水畅出,助黄刷淤,则河与漕两治。惟黄水积淤,必清高于黄数尺,又必启坝时多,闭坝时少,乃能畅出涤刷。现在清水能出,仅免倒灌,不误漕行,殊未易收刷涤之效。"十二年,桃源县民聚众私掘官堤掣溜,致成决口,革职,暂留任效力。御史鲍文淳、宗人府府丞潘锡恩并言黄水入湖,恐妨运道,命穆彰阿、陶澍会勘筹议。疏陈:"黄水入湖后,即由吴城七堡仍入黄河,仅淤沿堤,不及湖中,未入束清坝,不致病及运河。正河乾涸,正可将桃南、桃北两厅间大加挑浚,除去中满之患。"十三年,于家湾合龙,予四品顶戴。寻引疾归。十五年,卒于家。

井任两河凡十年。初治南河,锐意任事,洎兴大工,縻帑三百余万而无成效,仍为补苴之计,用灌塘法,较胜借黄之险。勤于修守,世称其亚于黎世序云。

吴邦庆,字霁峰,顺天霸州人。以拔贡官昌黎训导。嘉庆元年,成进士,选庶吉士,授编修,迁御史。巡视东漕,奏请重浚运河,并复山东春兑春开旧制。数论河漕事,多被采用。十九年,擢鸿胪寺少卿,命偕内阁学士穆彰阿督浚北运河。累迁内阁侍读学士。二十年,出为山西布政使,调河南,护理巡抚。二十三年,擢河南巡抚,调福建,未之任,湘潭土客民群斗,死伤甚众。侍部周系英面陈与邦庆疏奏有异,命总督庆保往按。邦庆亦发系英私书,系英获谴。邦庆镌级,以三品京堂用,补通政使。二十五年,擢兵部侍郎,调刑部,寻授安徽巡抚。

黄水注淮,凤、颖被灾,而皖南苦旱,亲赴灾区振抚。泾县民徐

飞泷伤毙，邦庆误听承审官谓由于徐孝芳捏伤图赖，奏捕之，激众
拒捕。命两江总督孙玉庭鞫治，得其状，诏斥邦庆几酿冤狱，部议革
职，予编修。累迁少詹事。十年，授贵州按察使，未之任，予三品卿
衔，署漕运总督，寻实授。禁粮船装载芦盐，请缉拿沿河窝顿。十一
年，调江西巡抚。

　　十二年，授河东河道总督，以不谙河务辞，不许。初，严烺在东
河，多用碎石抛护，历年岁料未有节省，诏饬核减。邦庆疏请："酌改
旧章，每年防料经费四成办秸，六成办石。兰仪、商虞、下北三厅现
工险要，仍专案请办碎石。所议六成之石，积储数年，使各厅皆存二
千方，缓急可恃，则专案之石亦可逐年递减。"从之。武涉拦黄堰民
筑民修，嗣归厅管，工段岁增。十三年，奏定画界立石，官民分守，如
有新生埽工，先借帑办理，按河北三府摊征归款，以山东运河全赖
泉源灌注，请复设泉河通判，以专责成。寿东汛滚水坝外旧有土堰，
为蓄汶敌卫，以利漕运，大水乡民私开酿事，奏立志桩。济运之水以
七尺为度，重运过竣，启堰以利农田，如议行。

　　初，邦庆著《畿辅水利丛书》，后在官，考河南通省志乘所载有
水田处，胪列其水之衰旺，溉田多寡之数，为渠田说。修防之暇，率
道厅捐资造水车，就马营坝北及蔡家楼大洼积水地七千余亩试行
垦治。先是，邦庆因碎石工劾严烺，罢之。既而给事中金应麟亦劾
邦庆保举过滥，动拨过多。十五年，命大学士文孚、山东巡抚钟祥按
之，坐违例调地方人员改归河工，及以属员为幕僚，厅员馈银不奏
参，褫职。诏复斥其参劾严烺迟至三年之久，亦属取巧，念在任三届
安澜，加恩复予编修。年已七十，遂告归。二十八年，卒。

　　栗毓美，字朴园，山西浑源人。嘉庆中，以拔贡考授知县，发河
南。历署温、孟、安阳、河内、西华，补宁陵，所至著绩。父忧归。道
光初，服阕，补武陟。迁光州直隶州知州，擢汝宁知府，调开封。历
粮盐道、开归陈许道、湖北按察使、河南布政使，护理巡抚。十五年，
擢河东河道总督。

毓美自为令时，于黄、沁堤工，为营坝工皆亲其事，勤求河务。时串沟久为河患，串沟者，在堤河之间，始仅断港积水，久而沟首受河，又久而沟尾入河，于是串沟遂成支河，而远堤十余里之河变为切近堤身，往往溃堤。毓美莅任，乘小舟周历南北两岸，时北岸原武汛串沟受水已三百丈，行四十余里，至阳武，沟尾复灌入大河。又合沁河及武陟、荥泽诸滩水毕注堤下。两汛素无工无秸，石堤南北皆水，不能取土筑坝。毓美乃收买民砖，抛成砖坝数十所。工甫就而风雨大至，支河首尾皆决数十丈而堤不伤，于是始知砖之可用。疏陈办理情形，以图说进。

寻又疏言：“王屋庄进水之口，较前更宽百余丈，同中泓大滩益向南淤，溜势南缓而北紧。南股正河成为迂道，北股之溜势转建瓴。其故由广武山前老滩坍千余丈，溜趋山根，为山所遏，折回东北，中泓挺生淤滩。水口既日见刷宽，从省估计，约需银十余万两。至原阳两岸堤根，因沿陂试抛砖块，深资偎护。月石坝堵合，加高帮宽，迤下杨村、封邱二汛，滩水已停淤，坝下七十余村庄居民安堵。惟串沟分溜，关系北岸全局，不能缓至来年兴工，已借拨银两估办。”允之。是役支河危险，赖砖工化险为平。

寻偕巡抚桂良勘奏：“老河分溜已有六分，王屋庄口宽势顺，砖土各坝未可深恃。原武十六堡当其顶冲，并有秦家厂、盐店庄各滩水串沟分注，十七堡当支河尾闾皆险要，请购料豫防。”如议行。十六年，择要挑浚修筑鱼台汛堤岸，改民堰归运河厅。十八年，旱，漕艘阻滞。浚泉源及各湖进水渠道，严诸闸启闭。又浚曹州、济宁河渠。十九年，奏定微山湖收纳运水章程，但计水存丈三尺以内，即筑坝蓄水，加高戴村坝以防旁泄。

初，毓美以砖工屡著成效，奏请许设窑烧造。御史李莼疏言其不便，命尚书敬徵往勘，仍请改办碎石，停止设窑。毓美上疏争之曰：“豫省历次失事，皆在无工处所。堤长千里，未能处处筹备。一旦河势变迁，骤遇风雨，辄仓皇失措。幸而抢护平稳，埽工费已不赀。镶埽引溜生工，久为河工所戒，昧者转谓非此别无良策。查北岸为运道所关，往者原阳分溜，几掣动全河，若非用砖抛护，费何可数计？今祥符下汛、陈留一汛滩水串注，堤根形势，正与北岸同。滨河士民多有呈请用砖者，诚有见于砖工得力，为保田庐情至切也。夫事之有利于民者，断无不利于国。特事近于创，难免浮言。前南河用石之始，众议纷如，良由工程平稳，用料减少，贩户不能居奇。工简务闲，游客幕友不能帮办谋住，是以妄生浮议，赖圣明独断，敕下东河试办，至今永庆平成。惟自用碎石，请银几七十余万，嗣改办六成碎石，然因购石不易，埽段愈深愈多，经费仍未能节省。自试办砖坝，三年未生一新工，较前三年节省银三十六万。盖豫省情形与江南不同，产石只济源、巩县，采运维艰。砖则沿河民窑不下数十座，随地随时无误事机。且石性滑，入水流转，砖性涩，入土即黏，卸成坦坡，自能挑溜。每方砖块直六两，石价则五六两至十余两不等。碎石大小不一，堆垛半属空虚。尺砖十块为一方，平铺计数，堆垛均实。每方石重五六千斤，而砖重九千余斤，是一方石价购砖两方，而抛砖一方可当石两方之用也。或谓砖块入土易损裂，不知砖得水更坚，抛成砖坝，一经淤泥，即已凝结，或谓抛筑砖坝，近于与水争地，不知堤前之地，尺寸在所必争。自来镶埽之法，堤前必先筑土坝数十丈，然后用埽镶，设砖坝则无须乎埽。师土坝之意，不泥其法，抛作坦坡，大溜自然外移，未有可筑土坝而不可筑砖坝者。上年盛涨，较二年及十二年尤猛迅，砖坝均屹立不移。仪睢、中河两厅，河水下卸，塌滩汇坝，抢镶埽段，旋即走失，用砖抛护，均能稳定。是用砖抢办险工，较镶埽更为便捷。昔衡工失事，因滩陷不能镶埽。马工失事，因补堤不能得碎石。使知用埽不知用砖，运砖易于运石，则费省而工已固。现在各厅无工之处，串沟隐患，必应未雨绸缪。若于黄、沁下南豫储砖块，则可有备无患。应储之砖，仍令向民间采买，不必厅员烧造，此外别无流弊。"卒如所议行。遂请以四成办秸之款改办砖块。

又疏言："从前治河用卷埽法，并有竹络、木囷、砖石、柳苇。自用料镶埽，以秸料为正宗，而险无定所，亦无一劳永逸之计。缘镶埽陡立，易激水怒。其始水深不过数尺，镶埽数段，引溜愈深，动辄数丈，无工变为险工。溜势上提，必须添镶。溜势下坐，必须接镶。片段愈长，防守愈难。新工既生，益形劳费。埽工无法减少，不得已而减土工，少购碎石，皆为苟且因循之计。自试抛砖坝，或用以杜新工，或用以护旧工，无不著有成效。且砖工不特资经久，而堆储亦风火堪虞。从此工固澜安，益复培增土工，专用力于根本之地，既可免漫溢之患，亦保无冲决之虞。"宣宗深嘉纳之。巡抚牛鉴入觐，谕以毓美治河得手，遇事毋掣其肘。二十年，京察，特予议叙。寻卒，优诏褒惜，赠太子太保，依总督例赐恤，赐其子耀进士，谥恭勤，祀名宦祠。

毓美治河，风雨危险必躬亲，河道曲折高下向背，皆所隐度。每曰："水将抵某所，急备之。"或以为迂且劳费，毓美曰："能知费之为省，乃真能费者也。"水至，乃大服。在任五年，河不为患，殁后吏民思慕，庙祀以为神，数著灵应，加封号，列入祀典。

麟庆，字见亭，完颜氏，满洲镶黄旗人。嘉庆十四年进士，授内阁中书。迁兵部主事，改中允。道光三年，出为安徽徽州知府，调颍州。擢河南开归陈许道。历河南按察使、贵州布政使、护理巡抚。十三年，擢湖北巡抚。寻授江南河道总督，丁母忧，改署理，服阕，乃实授。疏陈筹办南河情形，略曰："近年河湖交敝，欲复旧制，不外蓄清刷黄。古人引导清水，三分济运，七分刷黄，得力在磨盘埽。自废弃后，河务渐坏，拟规复磨盘埽旧制。洪泽湖水甚宽，高家堰工绝险，各坝多封柴土蓄水，盛涨启放，辄坏坝底，糜费不赀。应仿滚水坝成法，抬高石底，至蓄水尺寸为度。山圩五坝暨下游杨河境内车逻等坝，一遵奏定丈尺启放，水定即行堵合。至黄河各工，当体察平险，节可缓之埽段，办紧要之土工。一切疏浚器具，只备运河挑挖。若黄河底淤，非人力所能强刷，惟储备料工，遇险即抢，以防为治，而其要全在得人。又以芦苇为工程必需，右营荡地荒废，产芦不足，请筑圩蓄水以灌溉。"疏入，诏嘉其言正当，勖慎勉从事。

十四年，以洪泽湖老子山西北挑砌石坝，东西沙路加筑碎石高山湖面，以便水师巡哨及商民停泊。疏请淮海常镇等道另案用银，诏以南河连岁安澜，而工用日增，切责之。十九年，修惠济正闸、福兴越闸，会河湖并涨，险工叠生，请例外拨银五十万，诏允之。戒嗣后不得援例。署两江总督。二十一年，河决祥符，黄水汇注洪泽湖，南河无事。诏嘉其化险为夷，予议叙。二十二年，英吉利兵舰入江，命筹淮扬防务，以保运道。请以盐运使但明伦备防扬州，以清江为后路，策应捕内匪陈三虎等诛之。秋，河决桃北崔镇，汛值漕船回空，改由中河灌塘，通行无误。诏念防务及济运劳，革职免罪。二十三年，发东河中牟工效力，工竣以四品京堂候补，寻予二等侍卫，充库伦办事大臣。乞病未行，病痊仍改四品京堂。寻卒，著有《黄运河口古今图说》、《河工器具图说》。子崇实、崇厚并自有传。

潘锡恩，字芸阁，安徽泾县人。嘉庆十六年进士，选庶吉士，授编修。大考第一，超擢侍读。道光四年，复大考一等，擢侍读学士。时河患急，锡恩上疏条陈河务，略曰："蓄清敌黄，为相传成法。大汛将至，急堵御黄坝，使黄水全力东趋。今年漕艘早渡，因御黄坝迟堵，以致倒灌停淤，酿成大患。且欲筹减泄，当在下游，乃辄开祥符闸，减黄入湖。坝口已灌于下，闸口复灌于上，黄水俱无出路，湖底淤垫极高。若更引黄入运，河道淤满，处处壅溢，恐有决口之患。"宣宗韪其议，五年，命以道员发往南河，补淮扬道。六年，加三品顶戴，授南河副总河。

九年，母忧去官，服阕，授光禄寺卿。历宗人府府丞、左副都御史，督顺天学政。擢兵部侍郎，调吏部，仍留学政。十九年，内监狄文学以甥考试被黜，至锡恩私宅言所取录多出请托，挟制讹诈，锡恩疏闻，特诏论文学大辟。二十二年，疏言："黄河自桃北崔镇汛、萧家庄北决口穿运河，坏遥堤，归入六塘河东注。正河自扬工以下断流，去清口约有六七十里之远，回空漕船，阻于宿迁以上。臣前任淮扬道时，详办戽水通船之法，行之十余年，幸无贻误。今若于中河西口外筑箝口坝,添设草闸,以为黄水启闭之用,即将杨家坝作拦清堰,以为清水启闭之用。就中河运道为一大塘,道里长则容船众,两次启闭,漕船可以全渡。惟黄水先已灌入运河,中泓淤垫,两岸纤堤亦恐有冲缺,赶紧修浚,计需费亦不甚多。此时果可回空,来年即可出重,则萧庄决口不妨从缓堵筑。倘此法赶办不及,只有竟用引黄济运之法。其临黄箝口坝草闸照式筑作,引黄水入坝送船,沿途多筑对头小坝,以逼溜刷深,庶免淤滞之患。迨出杨庄,汇入清河之水,即可牵挽南行。盖南岸不可借黄者,恐其淤湖淤运。今所引黄水,一出杨庄口,仍归旧河,自可用清口之水以刷涤之,应无流弊。"并以图说进,下河督麟庆议行。麟庆亦主用灌塘法,与锡恩言合,寻代麟庆为江南河道总督。

时扬工漫溢,尚书敬徵等查勘,堵筑决口,开挖引河,接挑长河淤垫,估银五百七十万两有奇。御史雷以诚奏决口无庸堵合,只须改旧河为支河,以通运道而节糜费,下锡恩会议。锡恩奏覆:"灌口非可行河之地,北岸无可改河之理,请仍堵筑决口。漕船回空,仍由中河灌塘。"命侍郎成刚、府尹李僡赴工会同锡恩督办。二十三年,夫工以下挑河四万一百九十余丈,工竣,启除界坝,放水通畅。会河南中牟河决,黄水注湖,请放山盱各坝宣泄湖水,并将夫工导出湖水,引入中河,暂济盐柴转运。复以上游河水陡落、间有淤垫,请改估萧工以下未挑之工,并挑筑大堤单薄卑矮处。是秋,湖水接长,掣卸高堰石工四千余丈,抢护未决。二十四年,黄流未复故道,急筹济运,并宣泄湖水,请启放外南厅属顺清河,导引入河归海。军船抵坝,即由其处放渡,并于外南之北拦黄坝址筑钳口土坝,以资停蓄。寻奏:"黄河上游六月间陡长水丈余,山盱林家西坝、旧义河直坝、及仁义河中间拦堰,间有掣塌,补修完密。里、河、扬三厅承受洪湖之水,两岸纤堤旧有护埽者,致多刷蛰,亦择要加镶。"二十五年,中牟工始合龙,南河连年无险。

二十八年,以病乞归。咸丰中,命在籍治捐输团练。八年,前江西巡抚张芾劾其劝捐无状,褫职。同治三年,捐京仓米折,复原衔,命赴安徽庐州会办劝捐守御事。五年,乡举重逢,加太子少保。六年,卒。漕运总督张之万疏陈锡恩治绩,赐祭葬,谥文慎,入祀乡贤祠。

子骏文,入赀为刑部郎中,改山东知府。咸丰末,捻匪犯省城,骏文率兵团迎击于段家店,却之。署青州,平淄川凤皇山土匪,擢道员。同治中,巡抚阎敬铭、丁宝桢皆倚之。从宝桢会剿捻匪,塞河侯家林,功尤多,授兖沂曹道。光绪中,迁按察使。坐事降调,以谙习河事,仍留山东。历治上下游要工,调河南郑工,专任西坝,以合龙愆期,革职留工,工竣,复原官。授山西按察使,护理巡抚,迁福建布政使。十九年,卒于官。山东士民以其治河功,请建专祠。

论曰:河患至道光朝而愈亟,南河为漕运所累,愈治愈坏。自张文浩蓄清肇祸,高堰决而运道阻。严烺畏首畏尾,湖河并不能治。张井创议改河,而不敢执咎,迄于无成,灌塘济运,赖以弥缝。麟庆、潘锡恩循其成法,幸无大败而已。吴邦庆请求水利,而治河未有显绩。栗毓美实心实力,卓为当时河臣之冠,不独砖工创法为可纪也。东河自毓美后,朱襄、钟祥、文冲继之,祥符、中牟迭决,东河遂益棘矣。

清史稿卷三八四
列传第一七一

林培厚 李象鹍　李宗传
王凤生 黄冕　俞德渊　姚莹

　　林培厚,字敏斋,浙江瑞安人。嘉庆十三年进士,选庶吉士,授编修。出为四川重庆知府。啯匪带刀异常制,禁锻者毋制卖,有犯则坐。沿江渡船为盗资,籍而稽其出入,刻姓名船侧,盗为衰息。民习天主教,搜其书,批抉缪妄,闻者多悔悟。署川东道,所属雷波厅民、夷忿争,或觊觎邀功,请发兵,培厚不应,立缚治其魁,余悉贷遣。总督蒋攸铦器之,称为蜀中良吏之最。母忧归,服阕,授直隶天津府。畿辅大水,天津地洼下,灾尤剧,培厚遍行属县,赈活饥民七万有奇。奉天、台湾商米先后抵海口,议以官钱收买,委曲剂量,商民交利,而官不费。时蒋攸铦移督直隶,诏举贤吏,遂荐之,不旬日,擢大顺广道。畿南涝后,大兴水利,培厚先在天津治淀河,至大名治新卫河、洺河,浚筑悉中程度。培厚数以时事利病、属吏贤否语攸铦,为布政使屠之申所忌。及攸铦入相,那彦成代之,坐河北旱荒施赈不如法,解培厚任,宣宗夙知其能,改授湖北粮储道。时河患浅涸,漕舟数阻。攸铦以大学士出督两江,期八省漕以首夏毕渡河,乘清水盛涨,浮渡遄利。培厚所部尤速达,为嘉庆以来数十年所未有,攸铦特疏陈给叙。历三运无误,上意方向用,以劳卒于通州运次。

　　李象鹍,字云皋,湖南长沙人。嘉庆十六年进士,选庶吉士,授编修。道光二年,出为直隶宣化知府。岁饥,禁奸贩,安屯户,煮粥以赈，民无失所。课士有法，一变边郡齐陋之习。调正定，再调保定。蒋攸铦、那彦成先后为总督，皆倚如左右手。象鹍持正无挠，擢通永道，调河南盐粮道。治漕严，弁丁懔懔，禁胥役藉雇剥船扰民，请潞盐仍归商运，民便之。丁父艰归，服阕，补江西吉南赣宁道。辖境与粤东犬牙相错，多伏莽，属县僻瘠，几不可治，象鹍扫除积弊，境内秩然。擢江苏按察使，署江宁布政使。时陶澍为总督，赖其佐理焉。调贵州按察使。仁怀奸民为乱，株连众，治之无枉纵。擢布政使，禁汉奸盘剥苗民，多惠政。二十四年，以假去职。洎入觐，诏以三品京堂候补。未几，乞归。

李宗传，字孝曾，安徽桐城人。嘉庆三年举人。授浙江上虞知县，先摄丽水、平湖、瑞安、建德、平阳，所至求民隐，锄豪强，平反冤狱。在丽水断积案七百余事，捐资河工，叙知府，擢浙江督粮道。道光三年，杭、嘉、湖三府大水，宗传建议，浙西诸水尾闾，下由江苏入海，必宜江、浙两省通筹疏浚，大吏用其言，疏请合治。坐事左迁，巡抚程含章荐之，以知府用，授湖南永州，葺濂溪书院，崇节义，劝种植。擢四川成绵龙茂道，累摄盐道、布政使。

十三年，峨边属猓夷降复叛，势甚张，总督鄂山既奏劾提督杨芳，檄宗传往察治。宗传上言："四厅夷环山为巢，嗜利顽钝，愈抚愈器。去年添兵设防，夷转四出焚掠，攻垒窥城，略无忌惮。虽扰一厅，实四厅安危所系，不可姑息贻患。"乃建三路进剿之策，倡助军需，治兵选士，声威大振。三路大军犹未至，宗传先以计诱降十三支夷，縻之，勒还所掠人口，有业者复之，无业者给资，纵俘归，使谕威德。夷犹豫未决，大军由冷迹关逼老林巢薮，大破之于石门坎，擒斩数百，毁贼寨二百余所，夷落悉平。论功最，擢山东按察使。捕大盗刘二鞍子置之法，群盗远遁，迁湖北布政使。年逾七十引疾归。

宗传征叛夷出奇有功，然居恒时以计取伤仁，意不自慊。尝从同县姚鼐游，能文章。

王凤生，字竹屿，安徽婺源人。父友亮，乾隆四十六年进士。由中书充军机章京，累迁刑部郎中，精究法律，治狱矜慎。改御史，巡城、巡漕，官至通政司副使，有清直声。以诗名。

凤生，嘉庆中，入赀为浙江通判，屡摄知县事。任兰溪仅数月，清积案七百余事。任平湖，有民数百户，诵经茹素，传授邪教，凤生悯其愚惑，开谕利害，治为首数人罪，余纵之。补嘉兴府通判。道光初，浙江清查仓库，以凤生总其事。署嘉兴知府，迁玉环厅同知。会浙西大水，江、浙两省广东合治，调凤生乍浦同知，勘水道，乃由天目山历湖州、嘉兴，沿太湖以达松江。计画甫就，事未行，值淮南高堰溃决，江南大吏疏调凤生赴南河，未几，擢河南归德知府，浚虞城、下邑、永城二县沟渠。寻擢彰卫怀道，道属河工五厅，岁修糜费，春秋防汛，虚应故事，凤生力矫积习，事必躬亲。以岁修有定例，另案无定例，在任三年，力删另案以杜弊。寻以疾乞归。

九年，两江总督蒋攸铦荐起原官，署两淮盐运使。凤生以淮盐极敝，条上十八事。攸铦采其议，改灶盐，节浮费，浚河道，增屯船，缉场私、邻私之出入，禁江船、漕船之夹带，及清查库款，督运淮北诸条，疏陈待施行，会诏捕盐枭巨魁黄玉林，凤生计招出首，责缉私赎罪。攸铦已入告，旋因告讦置之狱，又得玉林所寄其党私书，意反复，密疏请处以重法。上以前后歧异，谴攸铦，凤生亦降调。陶澍继督两江，与尚书王鼎、宝兴会筹盐法，合疏留凤生襄议，于是大有兴革，略与凤生初议相出入；又奏以凤生察湖广销引，勘议淮北改票事，凤生虽去官，仍与盐事终始。十二年，湖北大潦，总督卢坤疏留凤生治江、汉堤工，袤亘数百里，半载告竣，秋水至，新堤有溃者，凤生引咎乞疾归。寻淮北票盐大畅，陶澍以凤生首议功上闻，促之出，未行而卒。

凤生以仕为学，尤笃好图志，成《浙西水利图说备考》、《河北采风录》、《江淮河运图》、《汉江纪程》、《江汉宣防备考》、《淮南北场河运盐走私道路图》。每吏一方，必能指画其形势，与所宜兴革。四方大吏争相疏调，少竟其用，惟治淮盐尤为陶澍所倚藉焉。

黄冕，字服周，湖南长沙人。年二十，官两淮盐大使，治淮、扬赈有声。初行海运，巡抚陶澍使赴上海集沙船与议，尽得要领，授江都知县。历元和、上海，署太仓州，擢苏州府同知，晋秩知府，署常州、镇江，有大兴作，大吏悉倚以办。疏治刘河海口，上海浦汇塘，常州芙蓉江、孟河，冕皆躬任之。海疆兵事起，从总督裕谦赴浙江。裕谦死难，冕牵连遭戍伊犁，既而林则徐亦至戍，议兴屯田，冕佐治水利有功，赦还。江苏巡抚陆建瀛复调冕治海运，革漕费，岁省银数十万，为忌者所中，劾罢归。咸丰初，粤匪围长沙，冕建守御策。及曾国藩治兵讨贼，冕创厘税。兴茶盐之利，军饷取给焉。又开东征局，专饷曾国藩一军。起授江西吉安知府，复以事劾免归，仍以饷事自任，湘军赖以成功。寻授云南迤西道，辞病不赴，卒于家。

冕仕宦初为陶澍、林则徐所知，晚在籍为骆秉章所倚任。时称其干济，被谤亦甚云。

俞德渊，字陶泉，甘肃平罗人。嘉庆二十二年进士，选庶吉士，散馆授江苏荆溪知县。始至，遮诉者百十辈，逾年，前诉者又易名来控，一见即识之，群惊为神。调长洲，甚得民心。迁苏州督粮同知。道光六年，初行海运，以德渊董其役，章程皆出手定，以忧去。八年，服阕，擢常州知府，调江宁。

十年，宣宗以两淮盐法大坏，授陶澍为两江总督，命尚书王鼎、侍郎宝兴赴江南会议改革。时议者多主罢官商盐，归场灶科税，以德渊有心计，使与议。德渊具议数千言，略谓："盐归场灶，其法有三：一曰归灶丁按镦起科，然其中有难行者三：一在灶丁之通欠，一在镦镤之私煎，一在灾祲之藉口；二曰归场官给单收税，难行者亦有三：一在额数之难定，一在稽查之难周，一在官吏之难恃；三曰归场商认祴纳课，难行者亦有三：一在疲商之钻充，一在殷户之规避，一在垣外之私售。以上三法，共有九难。如就三者兼权之，则招商认祴，犹为此善于彼。苟得其人，或可讲求尽善。顾事关图始，果欲行之，则宜先定章程。清灶金商、改官易制诸事，非三年不能就绪。